WAC BUNKO

祖国に裏切られ
敵は祖国・中国
わが命、日本に捧ぐ

WAC

はじめに

私が日本維新の会から公認の内定をいただき参議院選への出馬を宣言したのは令和7年2月11日だったが、3月2日、出馬の取りやめを表明し、国政への挑戦を断念することとなった。出馬表明からわずか20日目のあっけない幕引きである。

どうしてそうなったのか。大きな理由の一つは、私の出馬に対し、SNS上で誹《ひ》謗中傷《ぼうちゅうしょう》、罵詈雑言《ばりぞうごん》を含めた批判の嵐が巻き起こったことにある。私自身、長年の言論生活で、あらゆる批判に慣れているからあまり動揺しないが、問題は家族である。SNSに溢《あふ》れている罵倒の大洪水を目《ま》の当たりにして、子供を含めた家族全員がパニックに陥り、どうにもならない状態となった。

家族をこうした窮地から救い出すため、自らが引き起こした「出馬騒動」を自らの手で終息させるしかない。維新の吉村洋文代表とご相談の上、公認を辞退することとなった。その時、吉村代表からかけられたのは「ご家族を最優先に」との温かい言葉であった。

このような経緯で、多くの支持者や日本維新の会に多大なご迷惑をかけることを承知しながら、そして「敵前逃亡」の恥を忍びつつ、私は国政挑戦からの撤回を決断した。言ってみれば、日本のためにと思って国政挑戦に立った私は、家族を守るために引き下がるしかなかった、ということである。

私の家族をパニックに追い込んだ誹謗中傷・罵詈雑言は一体どういうものか。興味のある方々はSNSを検索すればすぐにわかる。

その一方、私の出馬宣言に対する批判の中には、決して誹謗中傷でもなければ罵詈雑言ではないものがたくさんあった。その主なものの一つは、帰化人一世の政治参与に対する反発、あるいは危惧《きぐ》の声である。「帰化人一世で、しかも中国からの帰化人の石平が、日本の国権の最高機関に入って国政を動かすのは果たしてよいのか」という憂慮でもある。

そして、そのような切実な声を上げた人々の多くは、むしろ日本のことを真剣に思い、国の行末を案ずるような良識派の国民であることも、彼らの書き込みからよく分かる。その中には、私の言論活動に対し、普段から多大なご理解を示してくださり、私のことを応援してくださっている方々も多くいた。

このような危惧と憂慮の声にどう答えるべきか。それこそ、私にとっては避けては通れない大問題である。そして、このような声を真剣に受け止めたことが、私が出馬断念を決断した大きな理由の一つである。

私は帰化人でありながら、心から日本を愛し、日本のために頑張りたい一人と自認しているが、問題は、危惧と憂慮が私個人に対するものだけでなく、帰化人一世一般の日本政治への参与に対するものであり、多くの普通の日本人の思いを代弁しているということである。私を含めた帰化人たちはどう答えるべきなのか。

まずは、私たち帰化人は自分自身のことを顧《かえり》みて、自問と自己反省から始めるべきであろう。自分は果たして、心からこの日本を愛しているのか。自分は果たして、日本という国に忠誠を尽くすことはできるのか。自分が日本の政治に参与していたら、果たして日本のための政治を実行することはできるのか。そしてそもそも、自分は果たして、心身ともにちゃんとした日本人になっているのか。

このような自問と自己反省から始まり、常に自分自身を正して「真の日本人」になるよう精進《しょうじん》するのが、私たち帰化人の責務であり、歩むべき道であろう。

その一方、「帰化人と日本」、あるいは「帰化人と日本の政治」について深く考察することも、私自身、大いなる課題である。思えば、飛鳥時代のはるか以前から平安時代にかけ、多くの渡来人が日本にやってきて住みつき、そのまま日本人になっていった。

彼らの多くは技術者として時の朝廷に奉仕したり、日本の開発に貢献したりもした。あるいは知識人として朝廷に登用され、官人となって日本の政治にも深くかかわった。平安初期に編纂された『新撰姓氏録《しんせんしょうじろく》』によると、朝廷を支える日本の1182の有力氏族のうち、326の氏族が「諸藩」に分類される渡来人系だという。

そのような時代、私たちの大先輩にあたる渡来人たちは、一体どのようにして生粋《きっすい》の日本人の中に溶け込んだのか。彼らはどのような心構えで朝廷に仕えたのか、彼らの働きは日本にとってプラスだったのか、マイナスだったのか。そして当時の朝廷と日本人は、彼らをどのように処遇したのか。こういった問いも現代の帰化人の私が歴史書を通じて勉学し、探求していくべき重要な課題である。

このようにして、今回の「石平出馬騒動」が私自身に大きな問題を突きつけたことになったが、それは私一個人だけでなく、帰化人全体にとって、そして生粋の日本人の皆様にも関心を持っていただきたい問題の一つである。日本人と帰化人は一体どのようにして日本で共生していくのか、これは昔からの、そして今後も引き続き、日本にとって重要な問題の一つであろう。

最後に、本書の企画・編集に尽力してくださったワックの立林昭彦さんに心からの感謝を申し上げたい。そして、本書を手に取っていただいた読者の皆様には、ただひたすら頭を下げて御礼を申し上げたい。

令和7年3月6日　奈良市右京にて

祖国に裏切られ 敵は祖国・中国

わが命、日本に捧ぐ

◉目次

2章 私の半生〈1〉

3章 私の半生〈2〉
——悲願の日本への帰化　そして日本人の自信を取り戻すために

装幀 須川貴弘(WAC装幀室)

1章

私の無念

――出馬を断念した本当のワケ

中国共産党の特異性を知らなければならない

2025年2月11日、7月の参議員選挙に挑戦することを発表。翌12日には党の公式発表に合わせて日本維新の会からの公認候補であることを公表しました。

それ以来、私や日本維新の会にSNSを通じて多くの励ましの言葉とともに、批判や疑問、懸念、さらに誹謗中傷《ひぼうちゅうしょう》、罵詈雑言《ばりぞうごん》の嵐が押し寄せました。以上の状況を踏まえ、私は熟慮の末、公認を辞退し、出馬を断念するに至りました。

いわば「石平出馬騒動」と呼べる事態でしたが、私の言動に不可解の念を抱いている読者の方もいるでしょう。事の経緯と顛末を詳述し、その上で、私の思いを改めてお伝えします。

そもそも私はなぜ、国政選挙に挑戦しようと思ったのか。

その出発点の一つは、1989年6月4日に発生した悲劇、天安門事件にあります。その当時、私は日本に留学中でした。テレビを通じて私と志を同じくする仲間たちが、中国共産党政権に惨殺される姿を目の当たりにしました。この事件を通じ、私は中国共産党に心底幻滅し、中華人民共和国と決別したのです。

その後、日本の生活も軌道に乗りましたが、その中で日本の歴史・文化を学ぶ機会が多くありました。そして、皇室、神道を核とする日本の伝統に大変な敬意の念を抱くようになったのです。さらに自然が豊かで美しい日本への愛着心が徐々に高まりました。

日本国民の一員になりたいという思いはやみがたく、2007年、帰化申請をしました。そして、その年の11月、晴れて日本国籍を取得することができたのです。それまでの私の人生で、これほどの感激を覚えた経験はありませんでした。年明けの2008年、伊勢神宮に参拝し、天照大御神《あまてらすおおみかみ》に日本国民になったことを報告しました（私の半生、帰化の経緯については2章、3章で詳述します）。

私の論壇デビューは、2002年です。当時、江沢民政権は天安門事件の印象を払拭《ふっしょく》させるため、反日教育に力を入れていました。洗脳された中国国民は反日感情を高ぶらせていたのです。

その実態を日本国民に伝え、警鐘を鳴らすべきだと使命感に燃えました。そして書き上げたのが、初の著作、『なぜ中国人は日本人を憎むのか』（PHP研究所）です。その後、20年以上、中国の政治・経済の実態を暴いてきました。特に中国共産党の正体、悪辣《あくらつ》さを日本人に伝えるため、精力的に日々発信しました。私は元中国人ですから、彼らのやり方、手口をよく理解しており、伝えるべきことが多々あったのです。

しかも日本人は中国に対する認識が、実に甘いなと感じることもありました。たとえば、1988年、初めて日本に来たとき、驚いたことがあります。留学先の大学の図書館や古書店で求めた中国の近現代史の本の多くが、中国共産党の主張する歴史観、そのままに書かれていたのです。

アヘン戦争（1840〜42年）以降、中国は、外国の列強と内部の反動勢力（国民党）によって人民は抑圧され、地獄のような暮らしを強いられてきた。疲弊《ひへい》しきった状況の中で共産党が立ち上がり、人民を率いて敵を打ち破り、素晴らしい中国をつくって人民を救った……などという解放史観、革命史観です。もちろん、とんでもない間違いです。

それと共産主義に対しても、多くの日本人は誤解しています。共産主義の特異性として人間性よりも、（共産）党としての原則が「上」に位置している、という点があります。極端に解釈すれば、党の利益のためには人間性も捨てる、党のためにと思えば普通の人間は殺しても構わない……つまり、党のためなら何をやってもいい、と解釈できます。逆に、そうしない人間は党に対する忠誠心が足りない、と批判され、粛清されてしまいかねない。

中国共産党の場合、これに加えて異常なのが〝ならず者〟を利用したことです。国民党が都市部の知識者層や地方の素封家《そほうか》（地主層）の支持を得たのに対し、共産党は、村八分にされた、犯罪者まがいの〝ならず者〟を利用し、革命の核心的勢力にした。つまり、共産主義と〝ならず者〟の結合です。

繰り返しになりますが、彼らは地方の素封家を殺し、土地や財産を奪い、代わりに農村の幹部として据えられた。これが「一村一焼一殺」という、毛沢東が主導した荒っぽい農村革命です。その結果、残ったのは血も涙もない人間性に欠ける連中だった。彼らが権力を握ったらどうなるか、火を見るより明らかでしょう。

私は2018年に上梓した『中国人の善と悪はなぜ逆さまか』（産経新聞出版）で、中国人の〝変わらない〟価値観を詳述しました。

中国では昔から、一族から優秀な人間を科挙《かきょ》（儒学による中国隋《ずい》〜清《しん》まで続いた官吏登用試験）に合格させるため、物心両面で応援しました。そのための一族の財産が「義田《ぎでん》」、教育機関が「義塾」です。そして、高級官吏となった暁《あかつき》には、支援してくれた一族に利権や金銭を与えて面倒をみる。宗族主義の中では、それも「善」となる。そこには国家や公《おおやけ》といった概念はありません。宗族《そうぞく》（私）こそが大事なのです（宗族については4章で詳述します）。

中国共産党も一旦、権力を握ると宗族の論理が働き、すべてを支配してしまう。幹部から小さな村の役人まで、不正蓄財の額は日本の汚職事件とは比較になりません。数千年続く腐敗の基本原理から脱却できないのです。

以上のような中国共産党の異常性を多くの日本人は、もっと知らなければなりません。

日本は中国と距離を置くべき

中国の問題以外にも、日本文化や歴史上の偉人を勉強する中で、日本の特異性を感じることが多々ありました。

日本・中国・韓国は、確かに同じ北東アジアに位置し、儒教の影響を受けていたり、漢字（を基本とした言語）を使ったりするといった類似点はあるでしょう。しかし、よく言われるような「同文同種の文化」「一衣帯水《いちいたいすい》の地」というのは誤解です。文明の本質で言えば、日本と中韓はまったく「異質」と言っていいほどの違いがあります。

まずは、国としてのあり方が違います。日本は明治維新によって、いち早く近代化を成し遂げることに成功しました。「法の支配、自由、人権、民主主義」といった価値観を持つ法治国家となったのです。これに対し、中国や朝鮮半島の国（韓国、北朝鮮）はどうでしょう。平然と国際法のルールや国家同士の約束事を無視し、権力者の意向次第で政治が左右される。とても法治国家とはいえない「人治国家」です。

前述したように、中国では、儒教の影響を受けた宗族主義の下、一族の繁栄のみを追い求めてきました。歴代の王朝を見ても、漢王朝は劉氏、唐王朝は李氏……と、それぞれ一族(私)の政権であり、国家などという「公」の意識はまずありません。

現代の中韓でも、かつての皇帝のごとく、国家主席や大統領が「一族の長」として絶大な権力を握り、人事や権限を独占している。利権やポストの〝甘い汁〟を求めて一族の連中がぶら下がり、一族丸ごとによるケタ違いの不正蓄財がなされる構図です。

一方の日本は「私」よりも国家、会社といった「公」を大事にしてきました。順法精神や道徳心も高い。

皇帝など絶対権力者ではなく、「天皇―幕府―各藩」といった多元的な権力構造を構築したこともよかった。このシステムは、聖(宗教)・俗の権力が分かれていた西欧に、むしろ似ていると思います。

しかも、日本は中韓と違い「科挙」を取り入れなかった。試験に合格すれば、官吏になれる「科挙」は一見、公平なチャンスが与えられる制度のように見えます。ところが、科挙至上主義に陥り、それ以外の道は蔑《さげす》まれました。とくに商人や職人が蔑《ないがし》ろにされたことで、中韓では「中間層」が育たなかったのです。

一方、科挙を導入しなかった日本は江戸時代に町人文化が花開きます。庶民層も「読み書きそろばん」を身につけ、商工業が発達し、自由な発想が育つ。それが明治以降の近代化につながっていきます。

日本は中国と距離を置いていた時代ほどよかったのです。遣唐使を廃止した平安時代。鎖国の江戸時代。「脱亜入欧」を掲げた明治期も、日露戦争まではよかった。日本の失敗は「中韓が同じ思想、同じ文明の持ち主」と誤解してしまったことにあります。

ますます高まる中国の反日感情

以上のような観点から、日本の文化・伝統、そして自然の美しさを取り上げ『石

平の眼 日本の風景と美』（ワック）、『日本の心をつくった12人』（PHP新書）として結実することができました。

しかし一方で、言論活動の限界を感じていたのも事実です。たとえ、どれほど中国に対する警鐘を鳴らしても、現実がなかなか変化しない。現実的に日本のために何かできないか。そういう思いが強くなった。

もう一つ、今の中国、そして日本の現状に大変な危機感を覚えていました。中国の脅威がますます高まっています。その脅威に対して、どのように対処すべきか。対処を誤まれば、日本は中国に呑み込まれるかもしれない。

また、中国の日本への浸透工作、乗っ取り工作も活発化している。自衛隊基地の近くなど安全保障上、重要な土地や水資源を中国系資本によって買われています。

今の日本は一歩間違えれば、チベット、南モンゴル、ウイグルと同じ運命をたどりかねません。そういう意味でも、今こそ日本の運命が決まるときなのです。

安倍晋三元首相亡き後、日本の政治は混迷しています。自公政権は中国の脅威に対して、どのように対抗すべきか、その危機感が薄い。むしろ、親中・媚中外交に堕《だ》し、中国を増長させています。

一国民として、そして子々孫々が安心・安全に暮らせるためにも、言論の世界に安住し、文章を書き、動画を発信するだけではいいのか。政治の場に飛び込み、中国の脅威にどう対処すべきか、国家戦略をどのように構築するべきか、日本の外交戦略をどう立て直すべきか、自公政権の媚中外交をどのように正すか、を訴えるべきではないか。そんな思いが沸々と湧いてきました。

先述したように中国の反日感情は深刻な状況にあります。反日感情が衰えるどころか、ますます高まっています。共産党政権による宣伝や学校教育によって、日本に対し、「負」のイメージを持つよう仕向けられるからです。習近平政権以降、その傾向に拍車がかかっています。〝南京大虐殺〟のセレモニーを国家行事にしたり、抗日戦争勝利記念日を制定したり、社会全体で「反日イメージ」を固定化しようとしている。

そして2024年9月、中国・広東省深圳《しんせん》で日本人学校に登校中の男児が惨殺される事件が発生しました。ちなみに同年6月には、江蘇《こうそ》省蘇州市で日本人学校のスクールバスを待っていた母子たちに対して男が刃物で切りつける事件も発生しました。阻止しようとした案内係の中国人女性が刺され死亡するという、これも大変痛ましい事件だった。

日本国民の一人として、いや、一人の息子を持つ父親として到底容認できません。絶対に二度と発生させてはならない。

〝毛沢東以上〟の独裁的、強権的な手法を振りかざす習近平は極めて危ない存在です。「民族の復興」を掲げて中華帝国の復活を目指し、南シナ海、台湾、そして尖閣諸島を狙っている。ウイグル人やチベット人ら少数民族の弾圧を強め、民族浄化を進めていく……。

日本人は、こうした「習近平政権の正体」を見極め、しっかりと対峙《たいじ》しなければなりません。覇気や気力を失ったら一巻の終わりです。

ともかく中国の反日感情をどう変えていくべきか。日本人の英知を結集して対策を考える必要があります。それには国政の場でなければ有効な策は打てないのではないか。そのことも出馬を決意した一つの理由でした。

なぜ、日本維新の会だったのか

先述したように出馬表明を公表して以降、ネットを中心に、賛否両論の声をたくさんいただきました。

一つには、なぜ、日本維新の会なのかと。同党は地域政党・大阪維新の会を創設した橋下徹氏の影響力が強いと言われ、また、橋下氏自身の中国擁護の言動などにより、親中派政党と見る向きもあります。

しかし、私はそもそも日本維新の会を親中と見なしたことはない。もっと言えば、親中と証明できる事実があったのか。それは単なるイメージに過ぎません。むしろ、今の自公政権のほうがよほど親中ではないでしょうか。

私が日本維新の会を選んだ理由は、吉村洋文代表との出会いが大きかった。2017年、大阪市と姉妹都市提携を結んでいた米・カリフォルニア州のサンフランシスコ市で市民団体による「慰安婦像」設置の動きがありました。当時、吉村氏は大阪市長でしたが、サンフランシスコ市に設置撤回を厳重に要請しました。撤回しなければ、サンフランシスコ市との姉妹都市提携解消も辞さない覚悟を示しました。

結果的にサンフランシスコ市は公式的に像設置を受入れると決めたため、2018年、吉村氏は明言した通り、サンフランシスコ市との姉妹都市提携を解消しました。吉村氏は慰安婦像が「両市の信頼関係を破壊した」と述べたのです。

私は一連の吉村氏の毅然《きぜん》とした姿勢・対応にいたく感銘を受けました。吉村氏は本物の政治家だと感じたのです。当時、私がネット番組「真相深入り！虎ノ門ニュース」にレギュラー出演した回に、吉村氏が出演し、そのときの経緯を話してくれました。ほかにも関西のテレビ局で、数回、共演することがありました。

その際、吉村氏は中国問題について語ると、極めて私と近い考え方を持っているなと感じました。中国は共産党一党独裁、覇権主義国家であり、日本をはじめ民主主義国家の価値観と乖離《かいり》し、日本の安全保障上の脅威になっている……。

日本維新の会の公式ホームページに「日本維新の会YouTubeChannel」という欄があり、ひろゆき氏とのスペシャル対談（2022年6月24日）がアップされていますが、吉村氏は中国問題を大いに語っています。中国の脅威に対処するため、日本は国防力を増強する必要があると。さらに、ひろゆき氏から「核の議論をするべきではないか」と聞かれた際にも、吉村氏は「日本は核共有《シェアリング》も真剣に考えるべきだ」と答えています。

日本の政治家で、日本を守るために核共有まで言及したのは、安倍晋三元首相以外に知りません。

2023年9月、日本は福島第一原発の処理水放出を決定しました。それに対して、中国は猛反発し、日本の水産物の輸入を禁止した。

それを受け、吉村氏は府知事として記者会見を開きましたが、記者から「中国が水産物の輸入を禁止したのは、日本政府の説明不足もあるのではないか」との質問が飛びました。吉村氏は「いや、それは違う。日本政府は中国にしっかり説明責任を果たしているが、中国が受け入れてくれなかった。中国は日本と思想・価値観がまったく違う。だから、説明してもまったく通じない。日本は中国に依存するのではなく、さまざまな販路を開拓する必要がある」と一刀両断したのです。そして、吉村氏は、中国は独裁国家、覇権主義国家であり、軍事拡大を進めている、それに対処するために、日本はどうするべきか――そのような問題提起もしました。

そういう意味でも、私は吉村氏の対中観に深く納得したのです。

また、吉村氏は改憲派です。憲法九条を改正し、自衛隊の地位を明記すべきだと考えています。一方、公明党は改憲に乗り気ではありません。なぜか。中国におもねっているからではないでしょうか。

ほかにも吉村氏は首相の靖國神社参拝も賛成を示しています。そのような政治姿勢も共鳴できる点だった。

そんな吉村氏だからこそ、2024年12月、日本維新の会の代表に選出されたことを受け、私は直接、面会を求めました。そこで吉村氏とさまざまなことを話し合いましたが、吉村氏は二つ返事で私の決意を受け入れてくれた。そして、「日本維新の会は内政には明るいが、国防・外交は人材不足もあり弱い。石平さんには、ぜひ、一員として日本を守るため、どのような国防対策が効果的か、存分に力を発揮してもらいたい」との言葉をかけてもらいました。その時は、国政挑戦に敢然と立ち向かう気持ちでいたのですが……。

「スパイ説」と「帰化人出馬の是非」に答える

ほかにも、私が批判を受けた件があります。

私は以前からSNS上で「中国のスパイ」と言われています。今回の出馬表明に関しても、中国共産党によるスパイ活動であり、日本国政乗っ取り計画の一環ではないかと、あることないことSNS上で言われました。

もちろん、事実無根。

来日して35年以上、言論活動を始めて20年以上。その言論活動で一度でも中国共産党を利する話をしたことがあるでしょうか。私のようなスパイを使うのであれば、中国共産党は本当に愚かです。そもそも私を「スパイ」と言う人は、何の根拠も示していません。勝手に妄想を膨らませているに過ぎない。

また、「帰化人一世の国政挑戦」に関しても多くの批判と懸念の声がありました。

数年前、ネット番組「真相深入り！虎ノ門ニュース」で「帰化人一世は政治家になるのは遠慮すべき」「選挙権は行使しても、被選挙権は遠慮すべき」と発言したことがあります。

その話が今回の出馬表明を通じて拡散されました。過去の発言と矛盾していると批判の声もあり、それは甘受するほかなかった。

発言した当時は、私の素直な気持ちでした。私は26歳まで中国にいました。帰化したのは45歳です。そういう私が政治家として相応しいかどうか、国会の場に立っていいのか。その当時は政治家になるべきではないと思っていました。しかし、考えが変わりました。やはり、中国出身の帰化人で中国共産党政権の悪辣《あくらつ》さや手口を誰よりもよく知っている私だからこそ、政治の最前線で中国共産党政権と対峙《たいじ》し、彼らの脅威から日本を守らなければならないと思ったからです。

とにかく、私は心の底から日本を愛し、日本を良くしようと思い出馬を決めたのは間違いありません。この点は、是非とも多くの日本国民にご理解いただきたいと思います。

もちろん日本の帰化制度に欠点があるのは否めません。特に次の2つの点を見直すべきです。

一つ目は「帰化基準の厳格化」です。3章で詳述しましたが、日本の帰化基準が緩《ゆる》すぎる。私自身の体験をもとに基準をより厳しくすべきです。

二つ目は「議員になる場合、国籍歴の公開義務化」です。帰化人が議員になること自体は問題ではありませんが、出自を隠すことが問題です。議員となる際には過去の国籍歴を公表する義務を課すべきです。

人種差別に等しい発言がSNS上に

SNSには私の悪口で溢れました。

「帰化人だとしても、心根が中国人であることに変わりはない」

「日本国籍を持っていても、精神は中国人だ」

「お前の顔つきは中国人そのものだ。どんなに努力しても日本人にはなれない」

だから、国会議員になるべきではないという声です。人種差別に等しい発言ではないでしょうか。中には、ひどい人になると、

「中国に帰れ」

とも言ってきた。

私自身、ここまでの反応を受けるとは思ってもみませんでした。正直、驚きました。激励の声もたくさんいただき、活力にもなりましたが、それ以上に誹謗中傷の声のほうが耳に入ってくる。特に私の家族がSNSの声にショックを受けました。子供は思春期を迎え、多感な時期でもあり、私がSNS上で誹謗中傷を受けていることに大パニックに陥ってしまったのです。

家族の状態を見て、私自身も再考せざるを得ませんでした。事態を鎮静化させ、家族が冷静になる時間が必要ではないか。家族をパニック状況から救い出すべきではないか。

私一人でしたら、どんな声があっても決して怯《ひる》むことなく、国のために突き進みましたが、今回は家族の気持ちを優先し、出馬断念を決めたのです。

もう一つ断念した理由があります。

先述したように私は帰化人一世で、中国出身であることは揺るがない事実です。今の中国は中国共産党一党独裁体制であり、日本とは価値観が異なる、いわば敵国です。しかも軍事力を増強し、日本の脅威となっている。そんな中国出身の私が国政の場に立つ。

来日して30年以上、私自身、日本人の精神を身につけたと自負しています。国政挑戦も本気で日本の将来のために戦う気持ちから出てきたものです。

一方で、そんな人物が国政の場に立つのは、日本の政治のためになるのか。場合によっては中国のための政治を実行するのではないか。そういう危惧、憂慮の声があることも知りました。差別のひと言で終わらせられない問題であり、真摯に受け止めなければならないと感じたのです。

次のような問いが何度も頭に浮かびました。

「私が政治家になることは日本の国益に資するのか」

「帰化人一世が政治に参与することに多くの日本人は疑問を抱いているが、その疑問に答えられるだけの解答を用意できるのか」

そして、根本的な問題として、

「帰化人とは一体、何者なのか」

「帰化人と生粋の日本人は、今後どのような形で日本のために協力し合えるのか。また最善のやり方があるのか」

という問いも浮かんできた。今の段階で結論を出すことは難しいと思い、出馬断念が正しいと判断しました。しばしの時間をもらう中で、帰化一世が出馬することの是非を、改めて自分自身の心に問いかけたいと考えています。

先鋭化するネットリンチ、果たして本当に日本人か？

吉村代表に相談したところ、私の事情を理解いただき、

「よくわかりました。家族を最優先してください」

と言ってくださった。日本維新の会にせっかく公認してもらえたのですが、この

ような結果になり、心から謝罪したく思います。また、私を応援してくれたたくさんの方々には感謝の念とともに申し訳ない気持ちでいっぱいです。

とにかく今の時代、SNSが危険な凶器になり得ると、身に染みて知ることができました。SNSは自由に発信ができる一方、先鋭化しやすく、一つ餌食《えじき》を見つけると、一斉につるし上げる傾向が強い。まさに〝ネットリンチ〟です。

先述したように初の著作で『なぜ中国人は日本人を憎むのか』で、1990年代から江沢民政権が始めた反日教育の実態、そしてネット上で中国人による日本人への人種差別的攻撃を取り上げました。「日本人は獣の血だ」と書かれていたこともあった。

中国人は日本人をこのように見ていると警鐘を鳴らしたのですが、私自身がSNS上で差別的に見られ、同じような攻撃を受けるとは夢にも思いませんでした。ただし、帰化人の存在を根底から否定するような極端な人種差別的発言をするような人々が、本当の日本人なのかと疑問も感じます。

日本の歴史を振り返ってみてください。日本は古来、渡来人を受け入れ、そんな渡来人は日本文化の発展に貢献しました。日本社会に溶け込んだ渡来人の血は、今の日本人にも連綿と受け継がれています。飛鳥・奈良時代に渡来人と日本人が戦争、紛争した記録はありません。そういう歴史・伝統を無視し、現代の帰化人を否定する言論をするのは暴論です。

たとえば有名な渡来人の一人に鑑真和上《がんじんわじょう》がいます。鑑真は失明しながら、万死一生の覚悟で六回目の渡航を成功し来日。奈良で唐招提寺《とうしょうだいじ》を開くなど、日本仏教の発展に大きく寄与しました。後年、そんな鑑真を讃えるため、日本画家の大家、東《ひがし》山魁夷《やまかいい》が10年の歳月をかけて唐招提寺の御影堂に障壁画を描きました。東山魁夷こそ日本人精神を示しているのではないでしょうか。

私が愛する日本人の精神は、とても優しく、寛容的な面です。そもそも神道は仏教という外来宗教が伝来した際、拒否するのではなく、内包してしまった。実際に神道と仏教の間で宗教戦争が起ったこともありません。その事実を日本人は今一度、思い出すべきです。

私は時代の波に翻弄《ほんろう》されながら、日本という心の安住の地を見つけ出すことができました。たとえ何を言われようとも日本を愛している。「中国に帰れ」と言われても日本以外に私の安住の地はない。愛すべき家族もいます。鑑真と同様に日本に骨を埋《うず》める覚悟です。

私は中国出身者であるからこそ、中国の脅威に対して誰よりも敏感です。国政挑戦は断念しましたが、引き続き、言論の場で日本のために尽力します。

次章以降を読んでいただければ、私の危機意識もより理解いただけるのではないかと思います。

2章

私の半生〈1〉

――「文化大革命」と「天安門事件」という二つの嵐に巻き込まれ

心に焼きつく故郷の美しき情景

石家は代々、中国中西部に位置する四川盆地《しせん》で、成都から少し離れた徳陽県《とくよう》下の村を本拠にしていた一族です。明朝《みん》の終わりから清朝《しん》の初めにかけて、大規模な農民一揆が起こって大虐殺が行われ、四川の人口が減ってしまい、その時に周辺から流入して住みついたと聞いています。

一族は地方の素封家《そほう》で、科挙（官吏登用試験）の合格者も出しています。清の康熙帝《こうき》の時代には、下のランクの「秀才」に何人かいたとのこと。乾隆帝《けんりゅう》のときには、さらに上のランクである「挙人《きょじん》」も出たというのですが、詳しくは分かりません。おそらく彼らは、官僚や地元の顔役のような仕事に就いていたのでしょう。

一方、母方の家も四川出身で、こちらは代々、漢方医の家柄でした。

中国共産党が政権を握ると、農村の人々は、地主、富農、中農、貧農に分けられました。地主に近いほど「悪」とされ、石家は、富農と決められた。

地主は、共産党によってみな殺されました。富農も、そこまではされなかったのですが、「悪」であることに変わりはありません。父親も、共産党の天下では高い地位に就くことは到底望めませんでした。

父は、四川の師範大学で物理学部の副教授、母も同じ大学の講師でした。両親はそこで知り合い、結婚します。1962年に私は生まれますが、生活は、すべて大学の中で完結しており、私も大学内にあった幼稚園に通っていました。

父は、共産党の学部の支部から、ひそかに同僚教員などを監視する役目をさせられていたようです。共産党に批判的な人間を密告するのですが、結局、父にはできなかった。いずれにせよ富農出身で、出世は望めませんでした。

1966年、建国の父である毛沢東（共産党中央委員会主席）が主導した文化大革命（文革）が始まり、多くの知識人が紅衛兵《こうえいへい》（文革の推進役となった毛思想を信奉する青少年の集団）らによって、つるし上げられ、殴り殺されました。

私の父は、そこまでひどい目にあうことはありませんでしたが、大学から追放され、「下放《かほう》」（地方の農村に追いやり、農作業の労働に就かせること）の名のもとに、集団農場に行かされました。母も同じ処分になりますが、父とは別の農場で、夫婦が別れ別れにされてしまったのです。

私は当時4歳でした。やむなく、四川省の田舎にある母方の祖父母の家に預けられることになったのですが、そこは成都からバスを乗り継ぎ、5～6時間かかる山村でした。私は、とにかく長距離バスに乗れることがうれしくてしようがなかった。

そのとき、両親が私に何を言ったのか……幼かったのではっきりしません。ただ、母が祖父母の前で泣いている姿だけは、なぜか鮮明に覚えています。

祖父は、漢方医の家系に育ちました。最初は小さな街で商売をしたのですが、共産党政権になってから、四川省の楽山《らくさん》地区の山中の農村に移りました。そこで、昔、覚えた医術（漢方）を生かし、〝村の医者〟になった。だから、正式な医師ではありません。

祖父は、粗末な自宅を〝診療室〟にし、患者の脈をとったり、舌の状態をみたりして診察をしていました。診療器具もありません。薬は、ときどき山に出かけ、薬草などを採っていた。ただ当時の中国の農村は、医者などおらず、病気になれば、

前列左から祖父、私（7歳くらい）、祖母。後列左が父、右が母。旧正月のときの写真

そのまま死んでいくしかなかった時代です。祖父は村人に「名医」として尊敬されていました。

そのころの中国は、とても貧しかった。毛沢東（中国共産党中央委員会主席）が1950年代末に主導した、農業と工業の「大躍進《だいやくしん》」政策が大失敗に終わり、結果として、数千万人もの大量の餓死者を出してしまったのです。

食料事情は都会の方が厳しく、父の親族にも餓死した人が何人もいます。母も私を産むときに、妊産婦としての栄養がまったく足りませんでした。だから、田舎にいた祖母が、竹の中に卵を隠し、母のところへひそかに運んだくらいです。

この飢饉《ききん》は「天災」ではなく「人災」です。1958年からできた「人民公社」（農村の行政単位であり、集団で農業、工業、教育、軍事などの活動を行う基本組織）に組み入れられた農民は、現実を無視した過剰なノルマを掲げる共産党に収穫を吸い上げられ、わずかなものを与えられるだけ。自分たちがつくったのにもかかわらずです。もう、完全に「収奪」の世界でした。

農民たちは、収穫期から半年間は何とか食える。残りの半年を生き抜くのが大変です。米はなく、イモで食いつなぐしかありません。

農民の貧乏ぶりは、度を越えていました。着ている服もたいていは2着だけ。冬服とそれ以外。私が履《は》いていた靴も「解放靴」と名付けられた粗末なゴム底の1足しかない。周囲には5人家族なのに、ふとんが1組しかなかったり、3人兄弟で1着のズボンを使い回している家族もいました。

そうした中で、私の家は比較的に恵まれていました。村人たちが診療費代わりにもってくる食料に助けられたからです。祖父母との3人家族が食べていくには十分でした。

まだ文革中でしたが、田舎なので、紅衛兵《こうえいへい》も来ません。

私は、毎日のように、友達と田畑や山、川へ出かけ、魚やカエル、鳥などを捕まえて食べたり、合戦ごっこをしたり、泥んこになって遊び回りました。

今までの人生で「故郷」といえば、私がまっさきに思い出すのは、やはり子供の時に見馴れた田舎の風景です。

竹林に覆われた緩やかな丘、斜めに広がる一面の田んぼ、田んぼと丘の間に点在する一軒一軒の農家、それらが一つの美しい景色を織り成し、独特の世界を形成していました。

天候の良い日には、小学校の仲間と一緒に午後の授業をサボり、里山の中で遊びました。夕飯の時間が来て、腹がペコペコになると、山から出て、一気に丘を下って家に帰りますが、その時、目の前に広がった村一帯の景色が、今でも心の中に焼きついています。

赤い夕日の静けさの中、竹やぶに囲まれる家々の上から、紫色の炊煙がのんびりと立ちのぼっている。何というのどかで、心の温まる景色でしょうか。振り返ってみても、あの時代は結構楽しかった。

ウソの教義に毒される子供たち

四川省の田舎にある祖父母の家に預けられていた私は幼かったこともあり、何の事情も知りません。お正月などにたまに会いに来る両親も祖父母も「(両親は)仕事のために遠くへ行っている」と説明するだけ。なぜなら、誰がどこで聞き耳を立てているか、分からないからです。

当時、文革に対して、批判めいたことを口にし、それが漏れてしまうようなことにでもなれば、「反革命分子」と決めつけられ、たちどころに社会から葬《ほうむ》り去られてしまいます。

小学校は人民公社の中にありました。編成する大隊ごとに小学校があり、私の学校は一学年2クラスほど。祖父の家から歩いて20~30分の距離でした。

各教室には毛沢東の肖像画が飾ってありました。毎朝、私たちは起立し、「偉大な領袖《りょうしゅう》毛主席」の肖像に向かって3度の礼をする。そして先生が主導して『毛（沢東）語録』（毛沢東の著作などが書かれた赤い表紙の小冊子）の一節を唱えるのです。そこからやっと授業が始まる。教科書の中身も、社会科や国語などの授業で使われる教科書のすべては、最初の一ページから最後の一文字まで、共産主義理念の素晴らしさと社会主義体制の優越性、共産党と毛沢東の偉大さを力説する内容で埋め尽くされていました。

私の中学校の担任の女性教師が、教室の中で毛主席や共産党の「恩情の深さ」を語る時、いつもノドを詰まらせながら泣き出してしまう光景を、今でも鮮明に覚えています。共産党幹部となった叔母は、お正月にお年玉をくれる時でさえ、まず私たち子供を並べ「共産主義の理想」について大真面目に説教してから、お金の入った封筒を渡すのが長年のしきたりでした。

その時代、テレビはまだありませんが、新聞の読めない子供たちは大人たちと一緒にラジオを聞きました。そして毎日朝から晩まで、声のきれいなお兄さん、お姉さんが自信に満ちた断固たる口調で「われわれの素晴らしい社会主義国家」「われわれの偉大なる領袖毛主席」と讃《たた》えているのが聞こえてきたのです。

当時の中国では、毛沢東は〝神様以上〟の存在。全知全能で、人民のことを考え、人民のために尽力してくださる……。

私たちが約束事をするときも、「毛主席に保証する」と言い合う。つまり、絶対に約束を破ることはできません。

そうやって先生に〝良い子〟だと認められると、共産党の少年組織である「少年先鋒隊《せんぽうたい》」（文革期の呼び名は「紅小兵《こうしょうへい》」）に入ることができる。隊員が巻く赤いネッカチーフはみなの憧れ。私は小学校高学年になり、やっと入ることができました。

小学校4年生、10歳になったころ、漢方医である祖父の『論語』授業が始まりました。

『論語』の一節を祖父が白い紙に書き、私に渡す。私はそれを書き写す、その繰り返しです。意味は分かりません。放課後、それが日課になりました。声を出して読む素読《そどく》は禁止。そのときは分かりませんでしたが、外に漏れる危険性があるからでしょう。

ある夜、私がオシッコに行こうとしたら、祖父が台所で私が書き写した『論語』の紙を燃やしているではありませんか。私は怖くなって黙っていましたが……。

後から振り返ると、祖父は命がけで私に『論語』を教えようとしたのです。なぜ、祖父はそこまでしたのか？　どうやら私を漢方医にしたかったようです。「医は仁術」ですから、昔ながらの漢方医は医術を学ぶ前に『論語』を勉強することが習わしでした。

文革で大学は閉鎖されてしまい、学校の教師も追放され、高校を出たばかりのような〝若造教師〟などにはとても孫の教育を任せてはおけない。「算数ぐらいは学校で勉強してもよいが、お前の国語（中国では「語文」という）の勉強だけは、あんな青二才の先生には絶対任せられない」というのが祖父の弁でした。

そのとき、祖父から『論語』を教わったことは、とてもよかった。今でも『論語』の一節が、文字になって頭に浮かぶほどです。

そのお陰で、国語の成績にかけては、私は常にクラスの一番でした。悪ガキどもが誰も書けない難しい漢字はさっさと書けるし、学校の先生でさえ知らない四字熟語もいっぱい知っていた。この小さな小学校で、私はいつか、国語の「師匠」と呼ばれるようになっていたのです。

「毛主席の忠実な戦士」をつくる中学校

両親が「下放」されて8年後の1974年、田舎の祖父母の家から、四川省の省都・成都市へ戻ることになりました。両親が大学教員に復帰し、ともに暮らすことが可能になったからです。

両親はそれより前に、大学の以前の職場に復帰することができました。それというのも、文革で閉鎖されていた各大学が再開されたからです。さらに「工農兵学員」という、優秀な労働者や農民、軍人らが無試験で大学へ入学できる制度ができ、一斉に彼らが入ってきたので、教える教員が足りなくなったことも大きかった。実は、習近平も、この制度を利用し、無試験で清華《せいか》大学に入りました。

4歳で両親と離れ離れになった私ですが、事実上、初めて両親と一緒に暮らすことになりました。大学構内にある住居は、集団住宅の一室しかない狭いところでした。煮炊きは七輪のようなものと練炭でやるのですが、台所がないので廊下でやる。食事時には、みなが一斉にやるので、煮炊きの臭いと練炭の煙がもうもうと立ち込めたものです。トイレは外の共同。風呂などなく、大学内のシャワーをときどき使うくらいです。

都市部は、ほとんどすべてが配給制で、食料事情が極めて悪かった。たとえば、豚肉の配給は1カ月あたり、1人0・5キログラムだけ。肉なんてめったに口にすることができません。家は狭くて窮屈だし、田舎のように野原で遊び回ることもできません。食べるものも少ない。そういう意味でも、田舎の暮らしの方がずっと楽しかったですね。

中国の大学は、今もそうですが、その中で衣・食・住が完結できている。住居から医療、郵便局、食堂……何でも中に揃っています。

特に中学校に上がってからは、徹底した「毛沢東思想の特訓教育」を受ける羽目《はめ》になりました。

実は私の中学校は、成都市の「思想教育の重点模範校」に指定されており、「毛沢東思想の徹底した教育によって、毛主席の忠実な戦士をつくること」を基本方針としていました。そのため、学校全体が「毛主席」一色に塗り尽くされている状態。ちなみに、先述のむせび泣きの女性教師の担当クラスに入ったのも、この学校です。

各教室に、毛沢東の肖像が掲げられるのは当然で、学校の玄関から入ったところでは、毛沢東の石像が聳《そび》え立ち、学校中の至るところに（もちろんトイレは例外ですが）『毛沢東語録』を書いた看板が立てられていました。学校の体育館がいつの間にか「毛沢東思想展示館」に変身し、思想教育の「聖堂」となったため、学校のすべての行事はグラウンドで行わざるを得ませんでしたが、それも最初から最後まで、毛沢東礼拝の儀式と化していました。

特別に行事のない日でも、毎朝1時限目の授業では、クラスの全員が起立し、毛沢東の顔写真に敬礼した後、さらに3人の生徒を立たせ、毛沢東思想を勉強したことによる「収穫」を述べさせるのが日課でした。

社会科や国語の授業が思想教育を中心としているのは先述の通りですが、音楽の授業でも、毛沢東を讃《たた》える歌ばかりが教えられ、美術科なら、毛沢東への忠誠心のシンボルとなる「心」のマークを描くことから最初の授業が始まります。ただし、「恐れ多い」ということで、毛沢東の肖像を書くことだけは最後まで許されませんでした。

今から考えてみれば、この学校のやっていることは、まさに毛沢東を「教祖様」とする熱狂的な新興宗教のやり方そのものだったのです。

このような教育を受けたことで、その時の私は毛沢東の小さな信徒の一人となりました。当時の言葉でいえば、要するに「毛主席の忠実な小戦士」となったのです。

尊敬している先生たちから「君たちはこのような素晴らしい国に生まれて、どれほど幸せか」「わが共産党と敬愛なる毛主席に、どれほど感謝しなければならないか」「毛主席の教えをちゃんと学び、ちゃんと実行すべきではないのか」と毎日のように諭《さと》されていました。

私たちはごく自然に、しかも純粋にそれを信じていたのです。

「この社会主義の国に生まれて、僕は幸せなのだ。

僕は永遠に、毛主席の忠実な戦士なのだ。

毛主席の教えなら僕は何でも実行する。絶対に裏切らない。

毛主席よ、見ていてください。僕はやるのだ」

——少年ながら、毎日のように自分の心の中でこう呟《つぶや》きました。

呟くだけではありません。この中学校では毎週一度、生徒全員に「毛主席への決心書（決意文）」と称する作文を書かせており、私も毎回欠かさず、心を込めて書きました。

自慢話ではありませんが、私は子供の時から文章が上手で、自分の書いた「決心書」はたびたび模範文に指定され、クラス全員の前で朗読させられたこともありました。

大学2年生の夏休みに帰省した時、家の大掃除で、中学校時代の「決心書」の一部がぽっと出てきたことがあります。「懐かしいなあ……」と思いながら、一番上の一枚を手にしました。

「敬愛なる毛主席は私たちの心の中の赤い太陽」というタイトルでしたが、最初の一行を読んだ途端、自分の書いたものでありながら、思わず吹き出して大笑いしてしまいました。あまりにもバカげた内容だったからです。

一緒に掃除していた妹が「お兄さん、何を見て笑っているの」と聞くので、さすがに決まりが悪くなった私は、「決心書」を全部片付け、さっさと自分の部屋に退散するしかありませんでした。そして、自分の部屋の窓の前に立っていると、急に切なくなりました。言いようのない悲哀感に襲われたとでも言うのでしょうか。「これが自分の少年時代だったのか」と、空しさと悔しさがいっぺんに胸の中で湧き上がってきたのです。

少年時代に心を込めて書いた、あるいは書かせられたそれらの言葉は、まったく意味のない空言であることが、その時の自分には分かっていたからです。

子供の頃から教えられてきた、「共産主義の理想」や「毛沢東思想」にかんするすべての教義と言説が、まったくの欺瞞《ぎまん》であることも、毛沢東を中心に織り上げられていたあのような新興宗教的世界観が、まったくのウソ偽りのつくり話であることも、すでに明々白々になっていました。

話を中学生時代に戻しますが、当時の中学生の娯楽と言えば何もありません。せいぜい閉鎖されていた大学の図書館内で合戦ごっこをやったくらい。

映画は決まったもの（見ることが許されたもの）が10本ほど。2本は旧ソ連のレーニンによるロシア革命の映画。中国共産党の革命にまつわるものが2～3本。毛沢東夫人になった女優出身の江青《こうせい》が共産革命を京劇（中国の古典演劇）化し、映画として撮ったものがありました。

それを繰り返し繰り返し見るだけだから、もう内容をすっかり覚えてしまう。シーンが始まる前に分かっているので、面白くも何ともありません。

映画の上映会があるときは、農村なら人民公社の広場、私たちは大学のグラウンドに、それぞれ長椅子を持ち込み、露天で実施しました。

文革中は禁止されていた中国古典の名作『水滸伝《すいこでん》』が、あるとき、突然に〝解禁〟されました。毛沢東が「人民は『水滸伝』を読んで批判せよ」と号令をかけたからです。そうなると、批判のために読まないといけない。

全国で一斉に『水滸伝』が再び、刊行されたのです。青少年向けには「小人書」と呼ばれる児童書みたいな本も出ました。とにかく、すごく面白かったことを覚えています。毛沢東時代の〝最後の楽しみ〟だったと言えます。

地獄が現実と化した文化大革命

1996年、中国共産党の党史出版社より出版された『「文化大革命」簡史』には、「文化大革命」の実態について、冒頭から次のように書いてあります。

「1966年に発生した〝文化大革命〟は、まるで突然襲来した台風のように中国の大地を席巻《せっけん》し、中国人民を10年あまりの長きにわたる大災禍の中へと、導いていった」

そして、この10年間にわたる「大災禍」において、「私設の裁判が行われ、拷問による自白強要、勝手気ままな逮捕、密告の奨励、違法な拘禁、捜査、虐殺がごく当たり前の現象となり、人々の生命、財産は保障されなくなり、自殺と家族の離散に追い込まれた人も多くいた」とも記述しています。

このような酷《ひど》い目に遭わせられた中国人は、一体どれほどいたかということになると、先述書には「程度の差こそあれ、少なくとも1億人以上の国民が何らかの政治的迫害を受けただろう」と推測しています。同書は共産党の党史出版社から刊行された歴史書でもあり、この「1億人」という数字は、単なる憶測ではないでしょう。

結局、中国の問題を理解するには、一つの前提として、「皇帝独裁政治から永遠に脱却できない」という、この国の宿痾《しゅくあ》を理解する必要があります。

しかし中国の国民がそれほど酷い目に遭わせられたのも、別に何らかのやむを得ない理由があったわけではありません。ただ一人、毛沢東という権力亡者《もうじゃ》のために、国家と国民全体がその政治闘争の道具にされただけの話です。前述の大躍進政策失敗に終わったあと、責任者の毛沢東はしばらく半引退の状況に追い込まれました。党の実権が劉少奇《りゅうしょうき》（元国家主席）の一派に握られていましたが、毛沢東が巻き返しを図り、劉少奇一派の打倒を企んで文化大革命を発動したのです。そのために、億単位の中国人が、家族を惨殺されたり、家族との離散を余儀なくさせられたりする阿鼻叫喚《あびきょうかん》の無間地獄《むげんじごく》を体験しなければならなかった。

そして、すべての中国人民は10年間にわたって恐怖に怯《おび》えながら、食うや食わずの貧困生活を強いられました。すべては、毛沢東一人の政治闘争ゲームのためです。

自らの権力欲を満たすために、民族全体に「前代未聞の大災禍」をもたらすことも辞さない、国家全体を無法と無惨の大動乱に陥れても構わない、無数の国民の命を奪い、無数の家族の幸福を台なしにしても顔色一つ変えない、というのが、まさに毛沢東という非人間的権力者の恐ろしい正体だったのです。

文革当時の毛沢東は全知全能の〝神様以上〟の存在でしたが、人民は、そのことに対して疑問をまったく持っていなかったし、批判や悪口なんて想像もつかない、あり得ないことでした。

農村の人民公社では毎朝、有線放送のスピーカーからまず、毛沢東を称える歌が流される。それからニュースやお知らせ。もちろん内容は、毛沢東の指導を褒め称えたり、感謝したりすることばかり。

テレビはなく、ラジオさえ、人民公社の大隊の隊長が持っているくらい。『人民日報』（共産党機関紙）も大隊の本部に来るだけ。とにかく、「共産党の宣伝」以外の情報がまったく入らなかったのです。

成都などの都市部では「反革命分子」などと決めつけられた人たちの公開処刑が日常的に行われました。

「反革命分子」「階級の敵」などといっても、ほとんどが言いがかりや、取るに足らないことがきっかけです。それに対して、当局が公判大会を開き、無理やり「罪」をデッチ上げる。

私が覚えているのは、公開処刑になったあるおばあさんのこと。成都の中学に通っていたときです。近所におばあさんが一人で住んでいて、ゴミを拾って生活していました。天気の良い日はいつも街角に一人で座って太陽の光を浴び、学校の帰りに通りかかる私たち子供にいつも笑顔で、「お疲れさん、勉強頑張ってね」と声をかけてくれた。近所でゴミ拾いなど、かろうじて生活していたおばあさんが処刑された理由は、なんと、ダイコンを毛沢東の写真が載っている新聞紙で包んだから。

ほかにも学校の先生やお寺の坊さん、尼さんを縛り上げて町中を引き回した後に、頭から尿をかけるのが、紅衛兵たちにとってのほんの憂《う》さ晴らしでした。勝手に人の家に侵入し、家族全員を路頭に追い出し、その全財産を「没収」するのは、「造反派」たちのもっとも得意とする「儲け方」だった。

ある100万人都市では、数十人の人々が一夜にして「反革命分子」だと認定された後に、全員郊外へ連行されて生き埋めにされました。

ある地方の村に住む3世帯の元地主が、地主だったというそれだけの理由で家族全員が村の集会場に引きずられ、「批判大会」を開かれた上で、老若男女問わず、その場で天秤棒で叩き殺されたこともあります。

公判大会は、国慶節（建国記念日）、共産党創建の日などの前に行われます。成都では、そんな日に数十人もの人が処刑されました。自分の名前の上に死刑囚を意味する赤で大きなバッテン印をつけられた看板を、首からぶら下げた罪人はトラックの荷台に乗せられ、人民たちが見守る中をゆっくりと進んでゆく。

見守る群衆には、恐怖心とともに、異常な興奮が巻き起こっていたのではないでしょうか。古代ローマ時代の為政者は、民衆をコントロールするすべとして「パンとサーカス（娯楽）」を与えた、と言いますが、中国共産党の公開処刑も、それと同じ効果を狙っていたのでしょう。

つまり、共産党に盾突いたらこうなるぞ、という恐怖心を植え付けるとともに、閉塞《へいそく》した日々の暮らしのストレスを発散させる手段、〝ガス抜き〟として公開処刑の殺人ショーを行っていた。

国慶節の前には特別な豚肉の配給などもあったので、まさに「パンとサーカス」でした。

文革中の「悪玉」にされたのは、毛沢東が追い落としをかけた前述の劉少奇一派、あるいは国民党の蔣介石《しょうかいせき》（総統）でしたが、先生の指導のもと、劉少奇を批判するクラス会をやったり、作文を書かされたりしました。子供だからよく分かりませんでしたが、先生から言われるがままに「裏切り者」などと悪口を言ったり、書いたりしたのです。

文革で批判された人に向け、手製のパチンコで「階級の敵を撃て」などと、実際に石をぶつけたこともある。今から思えば随分、ひどいことをしたものです。

毛沢東死去の衝撃

そんな毛沢東が1976年9月9日、病気で死去しました。83歳。

そのとき、私は中学生。両親が勤める四川の大学構内に住んでおり、「毛沢東の死」は、大学の有線放送によって知りました。覚えているのは、スピーカーから最初に革命歌のインターナショナルが流されたこと。これがあると、「重大発表」が行われることが多い。

中央ラジオ局のアナウンサーが、「共産党中央委員会が全国人民に告げる書」を読み上げることを知らせます。そして、9月9日何時何分、偉大な領袖、毛沢東主席は病気で治療中だったが、その効果がなくなり、心臓が止まりました……といったような趣旨のことを読み上げました。放課後の時間帯で、私は学校から大学構内へ帰りました。

それを聞いた瞬間、私は、自然に涙が溢れてきて、わーっと号泣しました。天が落ちてきたとか、地球が滅亡したような衝撃です。とにかく当時の毛沢東は、「毛主席の小戦士」だった私にとっても、全知全能の〝神以上〟の存在。人民のために尽くしてくれる偉大な指導者だと信じ込んでいたからです。

気がつくと、周囲の家からも泣き声が聞こえてくるではありませんか。一軒だけではありません。すべての家です。全中国の人民が共産党の宣伝や教育によって洗脳されていました。

物心がついた子供の時代から、私たちが国家と大人たちから受けた教育は次のようなものです。

曰《いわ》く、偉大なる共産党の指導をいただくわれわれの社会主義中国こそは、この世界中でもっとも繁栄した先進国であり、もっとも優れた平等社会であり、人民の権利がもっとも保障されている真の民主国家である。この素晴らしい社会主義国家に住むわれら中国人民は、どこの国の国民よりも幸せに暮らしていて、どの時代の中国人よりも人間らしく生きている国民なのだ――。

それとは対照的に、西側資本主義国家では、偽物の「民主」や「自由」を標榜《ひょうぼう》しながらも、極楽天国のような生活とやりたい放題の自由を満喫しているのは、ほんのひと握りの資本家階級にすぎない。その傍《かたわ》ら、99％以上の労働者・人民は食うや食わずの極貧の生活を強いられており、資本家階級が牛耳《ぎゅうじ》る国家から残酷無道な抑圧を受けながら、暗黒の世界の中で奴隷同然に暮らしているのだ――。

だからこそ、社会主義は人類歴史上もっとも優れた社会体制であり、共産主義は全人類の憧れる、もっとも素晴らしい理想である。共産主義を唱えるマルクス主義は、この世界における唯一の真理であり、マルクス主義の中国版である毛沢東思想は中国人民の信仰すべき神聖なる理念である。そして、この毛沢東主席こそ、日々人民の幸福を願っておられる慈悲の救世主であり、中国人民を永遠に正しい道へと導く史上最高の偉大なる指導者なのである――。

毛沢東時代の「共産主義教育」の教義となったこのような言説は、真実のかけらもない100％のウソ偽りであることは言うまでもありません。

事実はむしろその正反対であり、「99％以上の労働者・人民が食うや食わずの極貧の生活を強いられているような残酷無道な暗黒世界」とは、そのまま毛沢東時代の中国人民の置かれた現実そのものだったのです。

毛沢東共産党は世界中のもっとも美しい言葉を全部並べ、この世界中でもっとも残酷無道な国を「粉飾」していたのです。

毛沢東死去の報道があった翌朝、中学校に登校したら、すでに学校の門が白い布で包まれ、追悼の準備が進んでいました。先生たちは一様に沈痛な表情をしたまま、白いシャツに黒の喪章をつけています。

私の家でも、母親が家中を探して黒い布を見つけてきて、喪章を家族3人分、即製しました。喪章は、（両親の勤務先の）大学でも配られた。2～3日もしたら、まわりはみんなそのスタイルになったと思います。そうしないと、どんな目に遭うか分かりません。

というか、当時は多くの人が当たり前のように〝偉大な領袖〟の存在を信じていたのでしょう。その喪章は1カ月以上も、つけていたように思います。

毛沢東の死後も、私の〝洗脳〟は解けなかった。後の話になりますが、1980年、北京大学の哲学部に入ったとき、「毛沢東批判」をした同じ寄宿舎の学生とつかみ合いのケンカになったことがあります。

文革が終わり、鄧小平《とうしょうへい》の時代になったとき、文革への批判はむしろ奨励されましたが、共産党や毛沢東への批判は許されなかった。しかし、首都北京出身の学生たちは「真相」を知っており、堂々と宿舎内で毛沢東批判をしていました。

四川省の田舎の出身だった私とは、情報のギャップがあったし、幼いころからたき込まれた教育の効果は、それほどまでに強かったのです。

暴かれた毛沢東政治の内幕

毛沢東の死により約10年続いた文革が終わり、1977年からは大学志願者の統一入学試験も再開されました。

大学入学を目指す者が受けなければならない統一試験です。私は1980年7月に受験しました。ずっと試験が中止されていたので当時は、30代、40代の受験生や、父子一緒に受けた、というケースも珍しくなかった。

私が受験したのは1980年、受験は文系と理系に分かれており、私は文系を志望しましたが、（物理学者だった）父親に猛反対されました。というのも（文革のような）政治運動が起きると真っ先にターゲットとされるのは文系の教師と学生だったからです。父はそのことを心配していました。結局、私は、父の説得に従わなかったのですが。

文系の試験科目は、国語、数学、歴史、地理などでした。「政治」だけは文・理系ともに必ずある。要は、共産党の方針をどれだけ理解しているのかを見られるわけです。ですから、「人民日報」の社説などを懸命になって覚えました。

試験の点数が出ると、3つまで志望大学を書いて提出します。私は最難関の北京大学を志望し、入学を認められました。学部は哲学部。こちらは希望が出せず、大学側が決めるのですが、まったく不満はありません。その年、私の学校から北京大学に入学したのは、私ひとりだけ。母校では私の合格を知らせる張り紙が出されたり、親の親類にも伝わり、祝福されました。

当時、住んでいた成都から北京までは、列車で48時間かかりました。安い硬い座席で丸2日。初めて見る首都・北京は、スケールが桁違い。見るもの、聞くもの、カルチャーショックの連続です。9月に入学、冬になって、池が凍るのも、雪が降るのを見たのも、北京が初めてでした。

当時の大学はすべて国立で学費も寄宿費もタダです。2段ベッドが4つの8人部屋には、共有の机があるだけでした。

1980年代は、文革が終わり、「民主化運動」の嵐が吹き荒れた時期です。中国では今でも、プライベートの会話などで「80年代の大学生」という言葉がときどき聞こえてきます。文字通り、1980年代に大学に入った者たちを指す言葉ですが、それが一つの「慣用句」として使われるのには、それなりの特別な理由がありまず。

ひと言でいえば、「80年代の大学生」とは、1980年から1989年の天安門事件までの約9年間を通じ、大学のキャンパスで「自由」や「民主」のスローガンを高らかに叫び回り、勉強をほどほどにして民主化運動に没頭した「あの世代の大学生」のことなのです。いわば「民主化運動の世代」という意味です。

1980年に大学に入った私は、ちょうどこの「民主化運動の世代」の1年生となりましたが、とにかく、キャンパス中に「政治改革」を唱える壁新聞を貼りまくり、汚い食堂で「民主主義国家建設」と「自由と人権の確立」などについて何時間も延々と激論しました。そして、それは私自身と多くの仲間たちの大学生活の最大の思い出にもなっています。

北京大学は民主化運動の拠点のひとつでした。一応、夜9時が消灯時間なのですが、そんな時間に寝られるわけがありません。同室の学生が集まり、すぐに熱い議論が始まる。もちろん話題は「政治」です。月に1度くらいは、みなでカネを出し合い、安い酒を買ってきて、それを飲みながら口角泡を飛ばして議論する。

首都北京出身の学生らが、堂々と「毛沢東批判」をブチ上げましたが、私の〝洗脳〟がようやく解けたのは1年くらい後だった。学生たちの間では文革期の過酷な体験を文学などの形で回顧する「手抄本」と呼ばれる小冊子が流布《るふ》し、広く読まれていました。

そこには、親の世代や自分たちが経験した阿鼻叫喚の地獄の様子が生々しく書かれている。読んでいるうちに、私もウソだとは到底思えなくなったのです。

私たちは、連日のように討論会や学習会を開き、民主化運動に没頭することになります。ほかの大学の学生や若い教員も加わりました。ただし、共産党を打倒するのではなく「共産党を民主化する」のが目的です。これからの中国はよくなる。それを自分たち学生の手によって実現させる、という意気込みに燃えていました。

特に北京大学には、毛沢東時代に政治的迫害を受けた著名知識人とその子弟たち、そして、毛沢東によって打倒された古参幹部たちの子弟たちが、多く集まっていました。

彼らは毛沢東の実態を暴露・批判運動のリーダー役となりましたが、何よりも重要だったのは、かつて共産党政権の中枢と知識界の中心に身を置いた彼らだからこそ知り得た、毛沢東政治の内幕と真相が、次から次へと暴かれたのです。

そして、それらの一連の暴露と批判は、地方から北京大学にやってきた私のような田舎育ちで、また、かつて「毛主席の小戦士」であった自分自身からすると、まさに驚天動地《きょうてんどうち》の連続でした。

真実の暴露によって、毛沢東という独裁者は、「日々人民の幸福を願って人民に幸福をもたらそうとする慈悲の救世主」でもなんでもないことが、はっきりと分かってきました。それどころか彼は、自分の権力を守ることのみに執念を燃やし、そのためにどのような悪事でも平気でやり通す、正真正銘の権力亡者だったのです。

共産党の最高領袖となって以来、自らの地位と権力を守るために、彼は次から次へとすさまじい政治闘争を起こし、自らの同志や部下や腹心を、次から次へと死に追いやりました。

Aという党内実力者を使って、Bという政敵を倒した後、次にはCという人を使って、Aを葬ってしまうのは、彼の一貫した汚い手法でもあった。

共産党の高級幹部なら、いったん毛沢東から「潜在的脅威」だと認定されたり、あるいはほんのわずかな失言などで、毛沢東から疑いの目で見られたりすれば、本人とその家族に待っているのは死のみであることは、共産党内部で周知の「秘密」

でした。まさに独裁恐怖政治そのものだったのです。

民主化運動に熱中した輝かしき黄金時代

私がいた北京大学哲学部は1学年2クラス。残念ながら女子学生は少ない。当時、大学では男女交際はご法度《はっと》でした。見つかると警告を受け、就職（配置）のときに不利益を被《こうむ》ることもありました。そうした中でも、私たちは懸命にアイデアを絞りました。女子学生が多い師範大学と民主化運動で連携を強めたり……。

生活に関するものは、すべて大学内に揃っていました。宿舎から食堂、商店、本屋、浴室もある。哲学部の講義はもちろん、マルクス・レーニン主義が中心なのですが、それを理解するため、カントやヘーゲル、そして、孔子など中国哲学も勉強しました。文革後に『論語』も解禁されています。

毛沢東の呪縛《じゅばく》から解かれ始めた私は教科書に対しても、「人民日報」に対しても、党と政府の公式発表や指導者たちの談話に対しても、この中国で流布《るふ》されているすべての言説に対して一度懐疑の目で見てみて、自分たちの理性に基づき、それを徹底的に検証していくという精神を持つようになりました。懐疑と理性による検証を経ていないものは決して信用しない、という断固たる決意です。

このように一度冷静になって、自分自身の頭で問題を考えていくと、今まで憤《いきどお》りのすべてを毛沢東一人にぶつけてきた私たちは、それは果たして毛沢東という一人の人間だけの問題だったのか、と思うようになりました。

確かに、彼は自らの権力欲だけに生きた権力亡者であり、権力の恣意《しい》なる乱用者であり、そして自分一人の権力欲のために、国家と人民を地獄へと陥れました。しかし、国家と人民がなす術《すべ》もなく、彼という一人の人間の横暴と狂気を十数年も許してきたのは、一体なぜなのだろうか。彼による恣意的な権力乱用と、あからさまな犯罪を誰も止めることができなかったのは、一体なぜなのだろうか。そもそも、その死去までの27年間、この史上最悪の変態権力者を「人民の偉大なる領袖」として戴《いただ》いた中華人民共和国とは、一体何だったのだろうか。

この問題を煎《せん》じ詰めて考えていくと、結局、毛沢東自身の権力基盤である中国共産党の一党独裁の政治体制そのものが、問題の根源であることに気づいたのです。

そう、そういうことなのです。毛沢東は、このような一党独裁体制の頂点に立っていたからこそ、国家と人民の上に君臨し、その運命を思うままに支配することができました。人民の権利を完全に剝奪《はくだつ》し、言論の自由を完全に封じ込めた独裁体制があるからこそ、毛沢東は誰からも「邪魔」されずに、数々の政治的犯罪を徹底的にやり遂げることができたのです。

共産党が国家権力のすべてを独占しているからこそ、党主席としての毛沢東は、国家そのものを私物化し、自らの権力闘争の道具にすることができた。ひと言でいえば、暴君としての毛沢東は、確かに悪ですが、毛沢東という暴君を生み出し、その恣意的な権力乱用を可能にした共産党の一党独裁体制は、さらに悪、ということになります。

だとすれば、毛沢東のような暴君が、二度と現れてこないようにするためにも、国家と人民が二度と生き地獄に陥ることがないようにするためにも、こうした一党独裁の政治体制を打破し、国家の法制を整備して、人民に民主主義的権利を与えなければなりません。

それがすなわち、私たちの世代の若者たちが、心から信じた政治改革の目的であり、民主化運動の理念でもあったのです。天安門事件に至るまでの民主化運動は、まさにこのような徹底した反省と、断固たる理念の確立から出発したものです。自身も、大学3年生ごろから勉強はほどほど、手づくりの民主化運動に没頭しました。生意気な文体で、民主化を訴えるビラを何枚も何枚も書いてあちこちに配りました。

ルソーやロック、アメリカ独立宣言などから新鮮な(?)ネタを仕入れ、「自由」と「民主」にかんする「一大論文」も書き上げました。

晩ご飯の後に、仲間たちと食堂にそのまま居座って、あるいは庭の芝生の上に胡座《あぐら》をかき、「民主主義国家建設の設計」などについて、文字通りの「書生論」を熱く交わしました。ほかの大学のグループとの共同勉強会にもよく顔を出し、連帯の輪を広げていきました。

今思えば、1980年代前半からこの天安門事件までの歳月は、私たちの世代にとって、この国で体験した、もっとも輝かしい黄金時代でした。

「おしん」に感じた論語的世界

１９８０年代のもう一つの潮流は「親日ムード」でした。改革開放政策に舵《かじ》を切った鄧小平政権は、日本の「カネと技術」を欲していたのです。

隣の先進国・日本に学べ、日本に追いつけのスローガンが一斉に唱えられるようになりました。中国の経済発展のためには、日本からのＯＤＡ（政府開発援助）や先端技術がどうしても必要だった。結局、日本はその手に乗せられ、すっかり騙《だま》されてしまったわけですが……。ＯＤＡは２０２２年３月に終了しましたが、拠出の総額は約３兆６６００億円にのぼります。結果として中国は日本からのＯＤＡを活用し、軍事力を拡充させた。

話を１９８０年代に戻しますが、外国文化も文革中は禁止されていましたが、解禁されるようになりました。一番人気だったのは日本の大衆文化。映画、テレビドラマ、歌謡曲、アニメ……などが、ある日突然のごとく、私たちの前になだれ込んできたのです。

中国女性にとって男優の一番人気は高倉健でした。特に北海道を舞台にし、倍賞千恵子と共演した映画『遙《はる》かなる山の呼び声』(山田洋次監督、日本公開は1980年)は大反響を呼びます。若い女の子はみんな健さんのような長身で無口な男に憧れました。一世を風靡《ふうび》したと言っていい。そのせいで、小柄な私はすっかりワリを食うことになってしまいましたが。

山口百恵が主演したテレビドラマ「赤いシリーズ」や、NHKの連続テレビ小説「おしん」も大人気でした。大学内には集会室にテレビが1台あり、学生はそうしたドラマに夢中になりました。

先述したように私は1962年の生まれですが、物心ついた4歳から10年間、文革の真っ只中で成長しました。

文革が人々にもたらしたもの、それは人間性に対する破壊にほかなりません。相互に密告することを奨励し、人間不信を煽《あお》り、相手を完膚《かんぷ》なきまでにやっつける。

こちらが攻撃しなければ、攻撃される乱暴な社会。人間的な思いやりや尊厳は、イデオロギーのために徹底して破壊・抑制されました。

「おしん」の世界は、私たちを取り巻く現実社会とは、極端なまでに違っていましたが、私は子供の頃、祖父のたたずまいから感じ取った〝古きよき中国〟〝昔はあった中国〟を「おしん」の中に発見したのだと思います。――人間は生きていく上で、他人への愛情や思いやりを持つことが大切であり、そのために自分自身が頑張らなければならない。そのために自分は犠牲になる。しかし、その行為によって多くの人々から愛される。

それは祖父が教えてくれた「論語的」な世界だったのです。おしん自身は、『論語』を学んだような人ではありません。けれども、あの時代を生きた日本人はきっと「論語的」だったのでしょう。それは中国でも、かつては大事にされてきた美徳が詰まった世界でしたが、祖父母の時代を最後に永遠に失われてしまった。あのころは反日教育もなく、歴史問題もそれほど重要視されておらず、「おしん」を通じ、多くの中国人が現実社会には存在しない〝人間的な世界〟を思い出し、また教えられたはずです。

1984年、中曽根康弘首相（当時）が訪中した際には、北京大学で演説を行いました。それに合わせて日本週間のイベントが開催されたこともあった。

アメリカ文化よりも日本の大衆文化に人気があったのは、同じアジア人として親近感があり、人情の機微《きび》に共感するものがあったからでしょう。

もうひとつ、私たちは大事なことに気付きます。それは、これまでさんざん「資本主義は悪だ」「資本家は労働者を搾取《さくしゅ》する存在だ」と教えられてきたのに、実は違うのではないか、ということが、だんだん分かってきたのです。

日本の大衆文化が描かれる世界に「階級闘争」などありません。まさに、世界観の大チェンジ。

日本国内で大騒ぎになった歴史教科書問題（1982年。文部省が教科書検定により高校の歴史教科書で、中国華北地域等アジアへの「侵略」を「進出」と書き換えさせたとして日本のマスコミが報じ、国内、外交上に生じた一連の問題）も、当時の中国ではほとんど話題にならなかったのですから。

酒を片手に啓蒙活動

1984年、私は北京大学を卒業しました。

当時の中国では、就職先は一応、希望は出せるものの、共産党によって決められます。出身地へ戻される学生が大半で、私も四川大学の助教（助手）となり、専門の哲学を教えることになりました。

自分にとっては、それこそ、「民主主義理念の啓蒙《けいもう》」を思う存分やる絶好の機会でもあった。

教室ではできませんが、週末の晩、助手の安い給料をやりくりし、白酒《パイチユウ》（中国風焼酎）一本と鶏の丸焼き一羽を自由市場で買って、大学生たちの寮へよく行きました。一緒に飲み食いしながら、彼らを「啓蒙」するのが目的だったのです。自分の担当のクラスだけでなく、彼らの紹介で別のクラスの連中の部屋へも行き、1年ぐらい経つうちに、学生寮一棟のうち、約半分の部屋を回りました。

そういった「秘密活動」は、教授や講師の耳にも入っていましたが、容認してくれたのです。ただし教授からは「気をつけろよ、（大学の）党委員会に知れたら、まずいからな」と助言を受けました。

最初は、党委員会など気にもしませんでしたが、やがて教授の不安は的中してしまった。ある日突然、自分が教授と一緒に学部の共産党支部に呼ばれ、支部長から「厳重注意」を受けたのです。「助手の立場を利用して、党の方針に背いた煽動活動をするのは許せない」と言う。

助手としてやっている「煽動活動」が党の支部に「厳重注意」されると、まわりの環境が一変しました。

教授からは「君のやっている活動は理解できるが、僕の立場もあるから、やめてくれないか。その代わりに君には才能があるから、もっと研究に専念してほしい」と諭《さと》されました。また、同じように「厳重注意」された学生たちは、私から遠ざかるようになった。私の活動は完全に封じ込められたのです。

その時から、苦悩の日々が続きました。一時は、大学を辞めて北京に戻り、仲間たちと一緒に、運動に専念しようかとも思いました。しかしその時代の中国では、自らの「転職」はまったく許されておらず、公職をいったん辞めれば、路頭に迷うしかありません。やむを得ず学校にとどまりました（四川大学には1988年までいました）。

しばらくして、北京で政変が起こりました。若者たちの民主化運動に対して一定の理解を示し、共産党内の開明派の代表格でもあった、党総書記の胡耀邦《こようほう》が解任されたのです。それによって、民主化運動も大きな打撃を受け、低調期に入らざるを得ませんでした。

本当に気持ちが暗くなる時期だった。北京を中心とする民主化運動の動向をイライラして見守りながら、学問の研究に没頭するしかありません。そんな時に、私は講師に昇進することができたのです。

そんな折、高校時代からの親友・王《ワン》君から運命の誘いがありました。大学時代の4年間、彼は北京の清華大学で学び、私の北京大学とは隣だから、親交をさらに深めました。そして大学卒業後、彼は政府の派遣で日本留学に行きました。

ある日、私が勤めていた四川大学の研究室に王君から国際電話が入り、留学を誘われたのです。日本の大衆文化に魅せられていた私にとっては大歓迎。海外へ留学することは憧れだったたし、一度外に出て、資本主義、民主主義を体験してみたい気持ちも強くありました。何より、半年間の学費を彼が貸してくれるというのだから、こんなありがたい話はありません。チャンスを逃したくないと思うのは当然のことでしょう。

早速、パスポートを取るため、公安局へ出かけたのですが、これが大変だった。まず、日本での留学先の証明書が必要です。これは王君がやってくれたのですが、さらに政治審査に数カ月。この間、十数回も公安局へ通い、担当者の冷たい視線に耐えねばなりません。北京の日本大使館でビザをもらうのは1カ月くらいだったでしょうか。

私の貯金では、用意できたのは日本へ向かう旅費がせいぜい。それも「鑑真《がんじん》号」という上海と日本を結んでいた安い料金の船に乗るのが精いっぱいでした。

日本での生活費はアルバイトで稼ぐしかありません。幸いバブル景気の時代で、日本語ができない私にも仕事はいくらでもありました。

日本人は、みな親切で礼儀正しい。街は清潔で秩序が保たれていました。いろいろなアルバイトを経験しましたが、イヤな思いをしたり、差別されたり、と感じたことは一度もなかった。

何より感動したのは、保証人になってくれた、大阪大学大学院にいる王君の同級生の両親に会いにいったときのことです。玄関を入ったとき、50代くらいの奥さんは正座して私を迎えてくれました。日本語もまだロクにできない、得体の知れない私の保証人になってくれた上に、礼儀正しく、優しく、丁寧に接してくださった。独りで日本にやってきて将来も見えず、心細かった私にとってどれほどうれしかったことか。思い出しても涙が出てきます。

司馬遼太郎の作品を通じて日本人精神に触れる

日本での生活は、カルチャーショックの連続でした。

日本人は、電車の中や街角で（中国人のように）大声を出したりしない。区役所では、中国の公安局でパスポートを申請したときのように役人から冷たい目で見られることもなく、笑顔で素早く対応してくれる、賄賂《わいろ》も必要ない。何より、私のような貧乏留学生に対しても丁寧に接してくれる。料理もおいしい。

日給がよかった引っ越しのアルバイトをしたことが何度かありましたが、あるとき、私が重い家具を持てずにへたり込んでしまいました。本当に疲れ切ってしまい、これ以上、どうしても体が動かない……。さすがに、リーダー役の日本人男性に厳しく怒られました。でも、彼はその後、アルバイト代はちゃんと払ってくれたし、「もういいから今日は帰りなさい」と言ってくれたのです。

1989年、日本語学校を出て、今度は、神戸大学大学院文化学研究科の修士課程に入りました。

最初の1年間は、私費留学生です。でも、2年目からは国費による文部省（当時）の留学生になることができました。この待遇がとても手厚い。学費の全額免除はもちろんのこと、毎月の生活費として18万円プラス住居手当として1万円の計19万円が支給されます。

それまで、日本語学校の学費（30万円強）を郷里の友人に借りた上、生活費は夜間のアルバイトで何とか稼いでいた私にとっては大助かりでした。これで、勉強に集中することができるようになりました。

指導教官は2人。1人の先生は（ギリシャ）哲学、もう1人の先生が社会学です。留学生時代、大学の勉強はもちろんですが、本をむさぼるように読みました。とりわけ、気に入ったのが作家、司馬遼太郎さんの小説です。『翔《と》ぶが如く』の西郷隆盛や、『坂の上の雲』の秋山好古《よしふる》、真之《さねゆき》兄弟などの人物像にすごくひかれましたね。

特に『坂の上の雲』で印象に残っているシーンがあります。進学のために故郷の松山から上京した真之は、ころがり込んだ好古の家で一緒に飯を食う。好古の家には茶碗がひとつしかなく、それを使って兄弟は代わる代わる、酒を飲んだり、飯を食ったりする。

好古は陸軍士官学校を出た将校ですから、おカネがないわけではありません。だけど、清貧というか、あくまで質素な生活を貫く。大義のためには命を投げ出すことも厭《いと》わない……まさに武士道の精神です。

小説を通じ、日本人の伝統的な精神に触れたことはとてもよい経験になりました。後に評論活動に入ったとき、私が追い求める大事なテーマのひとつになっていったからです。

大学院時代の住居は、兵庫県芦屋市の文化住宅でした。そこから、丘の上にある神戸大学までは原付きバイクで通いました。住まいは本で埋め尽くされ、かろうじて私の寝るスペースが残っているだけ。

中国には、母と妹がいましたが、しばらくは帰るつもりも、帰るおカネもありませんでした。

語ることのできない「あの事件」

ちょうど指導教官のゼミが始まった1989年4月15日、衝撃のニュースが祖国から伝わりました。民主化運動に理解を示した、胡耀邦前総書記の死去。

天安門事件当日の1989年6月4日、大阪中国領事館前で、事件への抗議の声を上げた。ナチスの帽子をかぶった李鵬の似顔絵を描いたのは筆者

そして彼の死をきっかけに、いったんは低調になった国内の民主化運動が、一気に蘇《よみがえ》って爆発しそうな勢いとなりました。

国内の動向はすぐさま、電話や手紙など多くのルートを通じ、詳しく伝わってきました。北京の仲間たちから「今度こそ、いっせいに立ち上がって長年の夢を実現するぞ。一緒に頑張れよ」との檄文が寄せられてきた。私も当然、安穏としてはいられない。すぐさま行動しなければならないと思いました。

幸い、神戸大や同じ近畿地方の大阪

大、京都大にも、同じ理想と志を持つ中国人留学生の仲間が多くいました。しかもそのほとんどは、自分と同じように、1980年代前半に中国国内の大学に入り、民主化運動に参加した者です。話は早い。あっという間に、京阪神横断の連帯組織ができ上がり、外国の日本において、国内の民主化運動と呼応しながら、その一翼を担う活動を開始しました。1980年代を通して展開した私たちの民主化運動は、いよいよ、そのクライマックスを迎えようとしていました。

そんな気運の中、中国から世界を震撼《しんかん》させる大ニュースが飛び込んできました。

そう、「天安門事件」です。

北京の天安門広場では、民主化や政治改革を求め、連日、デモや抗議活動を行う学生らがどんどん集まり、やがては100万人規模にまで膨れ上がっていきました。最高権力者の鄧小平は戒厳令を敷き、人民解放軍を投入。一歩も引かない学生らとの間で一触即発の雰囲気となりました。

そして、あの6月4日がやってきたのです。

日本へ留学中の私は、神戸大学大学院に入ったばかり。天安門の動きは、テレビや新聞、中国の知人からの手紙などでつかんでいました。3日の夜からは、「いよいよか」という緊迫した状況となり、私たちは、ずっと放送を続けていたテレビの前に陣取り、徹夜で見守っていたのです。

4日未明、惨劇が始まりました。解放軍が放った銃弾に学生らは次々に倒れていった。おびただしい血が流れましたが、正確な犠牲者の人数は今も分かっていません。怒り、悲しみ、衝撃……。涙が込み上げてきて、呆然自失《ぼうぜんじしつ》になりました。一体何が起きたのか？　これは夢じゃないのか？

人民解放軍を名乗る軍隊が母国の若者たちに銃を向け、命を奪ったのです。そのときは分かりませんでしたが、犠牲者の中には、私が中国で民主化運動をやっていたときの知り合いもいました。「アイツも、アイツもやられたんだ」と、1年くらい後になって私は知らされたのです。

あの日、鄧小平の兇弾に斃《たお》れ、若い生命と青春の夢を無惨《むざん》に奪われたのは、自分たちの同志であり、自分たちの仲間だった。

彼らはかつて、私の目の前に座り、私に向かって夢と理想を語り、私に青春の笑顔の明るさと、男同士の握手の力強さを感じさせました。彼らは確かに生きて、存在していた。

そしてあの日突然、彼らは殺されたのです。

彼らは死んだ！　何の罪もないのに、素晴らしい理想に燃えていたのに、祖国への熱い思いを胸一杯に抱いていたのに、彼らは殺されたのです。

私は今でも、彼らの名前も、出身地も、当時の学年も、所属学科も、全部はっきりと覚えています。しかし唯一、彼らの顔はどうしても思い出せない。どう頑張っても、思い出せないのです。

おそらく、私の無意識の中の「自己」が、それを思い出させないのでしょう。彼らの顔に向き合うと、自分の精神が持たなくなるからではないでしょうか。

それは、私という人間が永遠に自分自身の精神の一番奥に閉じこめておくべき、悔恨の記憶です。死ぬまで触れてはいけない心の傷跡。少しでも触れてしまうと、血が止まらなくなるのです。

私たち京阪神に住む中国人留学生は、朝になってから大阪市内の中国領事館に抗議のために駆け付けました。デモや集会を行う人数は数千人にもなりました。

誰かが呼びかけたわけではありません。みなが自然に、集まってきたのです。一日中座り込みをし、抗議の声をふり絞りました。私が先頭で、当時の首相、李鵬《りほう》にナチスの軍帽をかぶせた絵をかざしている姿が写真に残っています。公園や道路でデモや集会も開きました。

領事館員の中には、私たちの行動を理解してくれる人もいて、建物からピースサインを示してくれた人もいます。「お前たちの気持ちは分かるよ」と言ってくれたように感じました。

数日はそこで座り込みをしていたでしょうか。大学には行く気がなくなり、ずっと欠席していたのですが、研究室の日本人は理解を示してくれました。さまざまな感情が込み上げてきて、ご飯ものどを通らない。

中国に対する心が変わったのは、（事件があった）その日でした。それまでは民主化運動をしていても、共産党政権は「人民のために動いているんだ」と、どこかで信じる気持ちがあったのです。

それがあの晩、完全に母国への信頼は崩れ、すべてが終わってしまった。

中国は共産党の「道具」

この事件を一つの転機に、私自身は、中華人民共和国という国、そしてそれを牛耳る中国共産党という政党に対し、一切の愛想をつかし、完全に絶望、完全に幻滅しました。

その7~8年前に毛沢東時代のウソの洗脳教育から覚《さ》めた時、それでも自分たちは決して幻滅はしませんでした。子供の時代からずっと騙され続けてきても、やはり鄧小平たちを信じていたし、共産党に対する最後の信頼と期待を捨ててはいなかったのです。

万悪の根源は毛沢東と、毛沢東を生み出した一党独裁の歪《いびつ》な体制にあるとは考えていましたが、鄧小平と、彼の率いる党内良識派、改革派の出現によって、共産党も生まれ変わっていくだろうと思っていました。改革と、民主化運動の推進により、政治体制は根本的に改良されていくと、信じて疑わなかったのです。

自分の生まれ育った、中華人民共和国に対しても愛着を持っていました。中華人民共和国といえば、当然、「自分たちの国」だと思い、北京にある政府も当然、「われわれの政府」だと認識していました。

私たちは、別に共産党を敵視していたわけではありません。中華人民共和国を潰《つぶ》そうとは、つゆほども思っていなかった。私たちはただ、民主主義の理念をこの国で実現させたい、この国を良くしていきたい、と思っていただけなのです。

しかし、それは許されませんでした。

民主主義の理念と民主化運動が、一瞬でも共産党の独裁体制を脅《おびや》かすような事態になると、鄧小平も政権党もすぐさまその本性を剥《む》き出しにしました。共産党は毛沢東暴政時代の共産党と何も変わらない、暴虐な怪物に戻ったのです。

そして、毛沢東時代ですら見たことのない恐ろしい光景が現実のものとなりました。共産党、そして中華人民共和国政府が、兵隊と戦車を出動させ、自らの首都を「占領」し、丸腰の学生や市民に手当たり次第に銃撃を浴びせ、次から次へと倒していきました。

そこにはもはや血も涙もない、主義も哲学もない、法律も道理もない。あるのはただ、共産党が自らの独占的権力を何としても守りたい、という赤裸々な党利党略と、そのためには、手段を選ばない卑劣さと残酷さでした。

その時になって初めて、毛沢東のつくった共産党は、毛沢東そのものと何ら変わらないことを知りました。少年時代に毛沢東の洗脳教育に一度騙された私たちは、もう一度騙されて、裏切られたのです。

鄧小平の改革も、単なる共産党の独裁体制を維持していくための、一つの手段に過ぎない。共産党が共産党である以上、その独占的権力を手放すことは絶対にありません。中華人民共和国も所詮、共産党の政治的道具以外の何ものでもない。だからこそ、共産党とこの国の政府は、国のことを本当に愛し、本当に思う青年たちを、国でもっとも純粋で、もっとも愛すべき若い生命を、何の慈悲もなく無差別に虐殺することができたのです。

ここまできて、私自身は完全に目が覚めました。自分の心の中で、中国共産党と中華人民共和国に決別を告げたのです。

この党利党略の塊《かたまり》である虐殺者の政党には、もはや用がない。もはや何も期待できない。早く潰れてしまえ、と言いたいだけです。

そして中華人民共和国にも、もはや用がない。何の愛着も義理もない。共産党の党利党略のための道具と成り下がった「共和国」は、もはや「私たちの国」ではない。それはただの「北京政府」であり、ただの「あの国」となった――。

今から思えば、1989年6月4日という日は、私にとってまさに人生の生まれ変わりの日でした。青春時代の理想と思いは、胸の一番奥に葬り去られ、情熱が心の中から消え去りました。「あの国」に精神的決別を告げることで、心の平静さを取り戻すことはできましたが、その反面、いわば政治的ニヒリストとなり、一種のしらけた、冷笑的な精神を持つようになりました。

そしてそれから長い間、日本の地から「あの国」で起きていることを醒《さ》めた目で眺めていました。それが私と中国との関係のすべてであったのです。

3章

私の半生〈2〉

——悲願の日本への帰化
そして日本人の自信を取り戻すために

帰国して驚いた中国人民の「日本憎し」

天安門事件は、私の心を破壊してしまった。あの晩から世の中が変わったのです。中国には、母親と妹を残していましたが、会うことはかないません。私が大阪の中国領事館前で座り込みをしていたとき、当時の首相、李鵬《りほう》を揶揄《やゆ》するような絵を持っているところを写真に撮られたため、身の危険を感じていたこともあります。

その後、「人民日報」が、海外の留学生の行動については「不問に付す」という記事を載せたことで、1991年、ようやく郷里に帰ることができました。

神戸大学大学院には修士・博士課程合わせて6年間在籍しました。実に充実し、かつ快適な留学生生活でした。修士課程2年生から、日本の文部省より多額の国費奨学金をいただくことになった。日本国民の税金のお陰で、まず生活上の心配がなくなったのです。

私が留学していた大学と、その地元の自治体は、留学生の受け入れと支援に非常

1990年3月、皇居のお濠前にて。日本人のやさしさに触れ、日本の生活に溶け込んでいった頃

に力を入れており、普通の市民たちの間でも、留学生支援のためのさまざまなボランティア活動が盛んでした。留学生の身でありながら、お客として迎えられたような雰囲気で、同じゼミの日本人院生たちと比べても、ずっと恵まれた環境の中で勉強生活を送ることができました。

何よりも感激したのは、まわりの多くの日本人たちのやさしさです。大学院の指導教官から、ボランティアの世話焼きおばちゃんまで、心の温かい人ばかりでした。毎日の生活の中で実に多くの日本人にお世話になり、多くのやさしい心に触れた。こうなると、日本人と日本の生活環境にも、ごく自然にとけ込んでいくものです。

時折、「外人」という言葉を耳にしましたが、それはもっぱら金髪の連中を指す言葉だと思い込み、実は自分も「外人」の類いに属する者であることをまったく忘れていたほどです。付き合っている一人ひとりの日本人に対しても、相手が鈴木さんか、田中さんかは意識しても、その人が「日本人」であるとは、あまり意識しなくなりました。

それ以来ずっと、日本は本当に素晴らしい国であると、思うようになったのです。

修了間際の1995年1月、阪神大震災が発生します。

私は芦屋市（兵庫県）の文化住宅に住んでいたのですが、その日はたまたま、大阪の知人宅へ泊まりにいっていたので、被害から免れることができました。翌日、戻ってみたら、住宅は半壊。部屋の中は、私がいつも寝ている場所に、本棚が倒れていました。もしも、そこにいたら直撃だったでしょう。危《あや》ういところでした。

同じ95年、大学院を卒業、中国の大学と交流関係のある京都市内の民間の研究機関に勤め始めます。

留学生時代にそこで通訳のアルバイトをしたことがあり、誘われたことがきっかけでした。すると今度は、その仕事を通じてたびたび、中国へ出張する機会が増えました。

そうして中国を訪れたとき、私は突然、北京の公安当局から呼び出しを受けました。「不問に付す」と言いながら、公安当局は海外留学生の名簿を入手していた。抗議活動を行った幹部の一人として、私の名前が名簿に出ていたのです。

「このまま拘束されるのではないか」とさすがに恐怖心を覚えましたが、調べは、ごくあっさりしたものだった。そのとき、私がすでに民間の研究機関に就職しており、〝まっとうな仕事〟に就いていると判断されたのでしょう。公安当局から呼び出しを受けたのは、このとき一度だけです

そのころ、中国では大きな変化が起きていました。80年代の「親日ムード」はすっかり影を潜《ひそ》め、鄧小平《とうしょうへい》の後を引き継いだ江沢民政権によって、「愛国」「反日」の動きが再び活発になっていたのです。

明らかに、天安門事件への批判から国民の目をそらすのが目的でした。

本や新聞、放送、映像などあらゆるメディアや学校教育などを通じて、あり得ないような「反日」宣伝が行われました。詳細は後述しますが、「日本は再軍備を急ぎ、中国を侵略するつもりだ」とか、先の大戦中、日本軍が中国人民に対して、残虐非道な行いをした……など、まったく荒唐無稽《こうとうむけい》な内容ですが、徹底的にやるので信じ込まされてしまう。

驚いたのは、かつて一緒に民主化運動をともにした友人らの豹変《ひょうへん》ぶりです。中国へ頻繁に帰るようになったのは、1997年以後です。自分の勤めていた民間研究機関は、中国国内の大学や研究所とさまざまな学術的交流を進めることになったことで、北京などへの出張が多くなりました。

しかしその時に私の見た中国は、すでに80年代の、あの記憶の中にあった中国とは全然違っていました。まさに隔世《かくせい》の感です。経済が発展して人々の生活が以前より豊かになった反面、社会的雰囲気も人々の考え方も一変していました。

人々は道徳心と良識を失い、ひたすら節度がなく、汚い拝金主義に走っていた。そして、共産党の独裁体制は旧態依然《きゅうたいいぜん》とし、汚職と腐敗が疫病《えきびょう》のように蔓延《まんえん》し、貧富の格差が拡大し、人々の不満が驚くほどの危険水域に達した観がありました。表面上の経済的繁栄とは裏腹に、社会全体はどこか「世紀末」の様相を呈していたのです。

その一方、日本から帰ってきた一人の元留学生として、私が特に衝撃を受けたのは、反日感情が、これほどまでに中国社会に蔓延しているのか、という意外な事実でした。

国内で会った中国人たちが、日本のことを口にする時、誰もが憎しみの感情を剝《む》き出しにし、軽蔑と敵視の態度を露《あらわ》にしていることに、私はただただ、驚くばかりでした。わが中国人民は、いつの間にそこまで「反日」になったのだろうか。帰国するたびに、私は戸惑いと驚愕を感じざるを得ませんでした。

日本は人を喰う野獣？

1990年代初め、民間の研究機関の仕事でたびたび、中国へ行き、そのとき買い集めた「反日」本が残っていますが、その内容たるや、ひどい、のひと言。事実無根の大ウソが、これでもかと書いてある。

もちろん「反日」宣伝は昔からありました。しかし、私が青少年期に経験したのは、日本軍の愚かさや滑稽《こっけい》さを〝道化〟のように描いたものです。それが90年代以降、日中戦争中、日本軍が残虐非道な行為を繰り返し、中国人民を3500万人も虐殺した、とか、100万人の女性をレイプした……など、日本への憎悪を煽《あお》り立てる過激な内容に変わったのです。

もうひとつの流れは「日本脅威論」「再侵略論」です。日本が軍備を増強し、再びわが国（中国）を侵略する野望を持っている、というもの。

上海にある一流大学の研究者はある書物で「日本はもっとも危険な軍国主義国家である」と論じ、全書を通じ、「野獣」とか「悪魔」といった言葉を乱発して日本批判を行った後に、「野獣はいつの日か必ず人を喰う」との結論に達していました。中国人学者による超真面目な「日本野獣説」です。

ある著名なジャーナリストは『野心と密謀』というタイトルの著書で、「日本人は侵略民族」であると断じる。なぜなのかといえば、日本民族は従来、その「島国根性」から生じたところの「残忍な侵略根性」を持っているからだとのことです。

ある政府系研究所の所長先生は、日本人の「偏狭心理」こそ「軍国主義精神の根源」である、との「研究成果」を全国に向けて発表しましたが、その論文で、「このような偏狭心理に支配されている日本民族は、野蛮的・凶暴的・貪欲的となっている」と、学者の口から出たとは思えないほどの、赤裸々な人種差別論を堂々と展開していました。

北京の若者たちが、もっとも愛読する新聞の一つに、全国的にも有名な「北京青年報」があります。

この新聞は、「環球週刊」のタイトルで週一回の特集紙面をつくり、世界中で起きた注目すべきニュースを、解説付きで報道していました。2000年9月7日の「環球週刊」は、その数日前の9月3日に東京で行われた地震防災訓練を、「世界中の注目すべきニュース」として、3枚のカラー写真付きで大きく報道しました。

北京の一新聞が、東京で行われた防災訓練の一つにそれほどの関心を持つのは一見奇妙なことですが、実はこの報道は、日本の自衛隊が訓練に参加したことから「軍事演習」のにおいを嗅ぎ取り、それを日本における「軍国主義復活の象徴」としてとらえたのです。

　この特別記事を掲載した紙面には、訓練に参加した自衛隊員の姿や、軍用車の写真を大きく載せると同時に、日本のスポーツ新聞がよく使うような大きな文字で、「防災訓練か、それとも軍事演習か」という見出しをつけていました。

　その下に、報道内容の概要が次のようにまとめられています。

「９月３日、東京都は、有史以来最大規模の防災訓練を行った。７１００名の自衛隊員が陸・海・空の重装備で、この大規模な訓練に参加したのである。それによって、今度の防災訓練は強烈な軍事的意味合いを帯《お》びるようになり、日本の民衆はそれに対して深い憂慮の念を抱いている。ある左翼人士はそれが実際に一つの軍事演習であり、軍国主義復活の象徴であると率直に指摘している」

　報道概要から見ると、防災訓練に７１００名の武装自衛隊員が参加したことで、実際には軍事演習ではないのかと批判する根拠になっている。つまり、自衛隊参加の防災訓練イコール軍事演習というのが、この批判報道の論理なのです。

しかしそれは、いかにも奇妙な論理です。

というのは、軍隊が防災に動員されることは、世界中のどこの国においても普通に行われている正常な政府活動の一つです。平時の防災訓練に軍隊が参加するというのはごく当然のことであり、わざと騒ぎ立てるほどのニュースでもなんでもありません。

現に、中国の人民解放軍も国内の防災訓練や災害救助に動員されることがよくありますが、この「北京青年報」から「防災訓練か、それとも軍事演習か」と問われたことは一度もありません。しかし、日本の自衛隊のこととなると、それがすぐさま問題視されてしまうのです。

さらに言えば、たとえばアメリカやロシア、あるいはフランスでも、日本以外の国の軍隊なら、防災のためにどれほど大規模な出動をしたとしても、おそらく『北京青年報』もほかの中国のメディアも、それを大きなニュースとして報道することはまずありません。誰も問題だとは思わないからです。

どういうわけか、ひとたび日本のこととなると、普通の「防災訓練」が「軍事演習」として取り上げられ、さらに「軍国主義復活の象徴」として大々的に報道されるのです。この一例から見ても、「日本軍国主義の復活」という事実無根のデマを流布《るふ》するために、中国のマスメディアがいかに腐心しているかがよく分かります。

特に指摘しておくべき点は、この報道における「軍国主義の復活」という批判がいかにデタラメなものであるか、ということです。

この刺激的な表現が出てきたのは、先述のように引用した記事の「報道概要」であり、「ある（日本人）左翼人士」の言葉として援用されたものです。しかし奇妙なことに、記事の全文のどこを読んでも、この「左翼人士」とは一体何者かについて、一切記述されていません。肝心のところで人の話を援用しているのに、その人物にかんする本名も素性も年齢も職業も、いかなる情報も提供されていない。新聞報道の基本ルールからすれば、実に信じられないほどのお粗末な話です。

もちろん、この架空の「左翼人士」の口からは、自衛隊参加の防災訓練がどうして「軍国主義の復活」なのか、いかなる論証もされていない。

「北京青年報」の報道による「日本軍国主義の復活」というメッセージが、いかにいい加減なものであるかが、よく分かるのではないでしょうか。

しかし、このようないい加減な新聞報道によって、「防災訓練＝軍事演習＝軍国主義の復活」という短絡的な結論が導かれ、「日本軍国主義はすでに復活している」という偽りのイメージが、多くの読者の頭の中に刻みつけられるのです。

また、ある本では産経新聞の〝報道〟を名指しで批判したこともありました。曰《いわ》く、日本の有力政治家が「日中再戦論」をブチ上げた……。日本人なら誰でもウソだと分かります。自分の国を守ることすら危うい日本が、ヨソの国を攻める意図を持っているなんてあり得ない。

当時の中国に民間の出版社はありませんから、いわゆる「官製メディア」が共産党政権の指示でやったことです。ウソも百回言えば……ではありませんが、新聞、放送、出版、学校教育など、あらゆる方法を使った徹底的な宣伝により、かつて民主化運動を一緒にやった知人・友人らまで感情的な「反日」「愛国」に豹変してしまったことは先述した通りです。

「原子爆弾で日本を滅ぼせ」

中国でよく出会ったのは、たとえば、次のような場面です。食事会とかの社交の場や友人同士の集まりなどで、私という「日本帰り」が同席していると、必ず一度は話題が「小日本」のことに移る。たいていの場合、私への質問から話が始まります。

「日本での生活はどうですか、大変でしょう」「日本人によく虐《いじ》められているのでしょうか」「留学生はみな、小日本のことを憎んでいるのでしょうね」といった質問が、まず飛んでくる。

答えに窮した私の顔を見て、みなは物わかりのよい微笑みを浮かべながら視線をそらし、「質問攻め」を打ち切る。しかし、今度は彼らの間で、日本への罵倒《ばとう》合戦が炸裂《さくれつ》します。

「あんな国、絶対許せないわ。昔から悪いことばかりやっている」

と、Aさんが憤慨する。

「そうだよね。侵略戦争で、どれほどの中国人を殺したか」

と、Bさんが相槌《あいづち》を打つ。

「だから俺が前から言っているさぁ。原子爆弾でも何発か使って、日本を地球上から抹殺すべきだ」

と、C君は興奮して言い放つ。

「原子爆弾だけではダメだ。恨みを晴らすには、やはり一人ずつ殺した方がいい。今度、東京大虐殺をする時、俺の腕前を見せてやるぜ」

と言いながら、D君は片手で人の首を切る仕草をする。

「しかしね、日本人というのは、そもそも進化が遅れている人種じゃないかしら。半分は人間で半分は豚なのね。やはり人類進化の不良品だわ」

と、Eさんが皮肉たっぷりの「珍説」を展開する。

「そうしたらさ、今度日本に攻め込んで全員殺した後に、日本をそのまま中国人のための養豚場にしようじゃないか」

と、D君がわざと真面目な顔をして「提案」する。

それでみなは一斉に爆笑し、この場の「日本談義」が熱気に包まれながらクライマックスを迎えるのです。

このような場面に立ち会わされると、彼らの「熱気」と「殺気」に圧倒され、私はいつも黙って聞くだけでした。我慢して嵐が過ぎ去るのを待つしかない。

しかし一度だけ、勇気を出して聞き返したことがあります。

「あのー、みなさんはどうしてそこまで日本のことを憎んでいるのでしょうか」

と。そうすると、みなは一斉に黙ってしまい、狐にでもつままれたような目つきで、私の顔を見つめます。

おそらく十数秒の沈黙が続いた後、満座の中の一番の年長者がゆっくりと口を開きました。

「どうして憎むかって、君は知らないのか。当たり前のことだよ。抗日戦争中に、日本人は、この国でどれほど無道なことをやったのか、どれほどの中国人を殺したのか。中国人なら日本人を憎まないはずがないじゃないか」

と、厳しい口調で語る。

「しかしそれは過去のことで……」と、私は反論を試みようとします。と、その途端、相手の顔色が急変し、雷が落ちたのです。

「過去じゃない。現在だ。現在の日本のことを言っている。日本では軍国主義が復活しているじゃないか。もう一度中国を侵略しようとしているじゃないか。君はどうして分からんのか。君は日本に住んでいるんだろう。どうして真実を見ないのか！」

その年長者の憤りの半分が日本に向かっていて、残りの半分が、実はこの私に向かっていることは、すでに分かっていました。結局その日、口実をつくり、さっさと退散したのは私の方でした。

彼らの言っていることが、私はまったく理解できませんでした。私がこの目で見た日本の〝真実〟は、むしろその正反対だったからです。「日本では軍国主義が復活している」というのも、「もう一度中国を侵略しようとしている」というのも、まったくの事実無根です。

過去の戦争において、日本軍のやった「無道」や「殺人」を日本憎しの理由に持ってくる彼らの言い分にも、まったく納得できない。というのも、もし戦争中の日本軍の残虐行為が、こうした日本憎しの感情をつくり出した原因であれば、終戦からずっと今日に至るまで、わが中国人民は日本のことを憎み続けてきたはずです。

しかし、事実は決してそうではありませんでした。私たちの世代でいえば、子供時代から日本のことをすごく憎んでいたという記憶は、まったくありません。

むしろ、大人になってからの80年代を通じて、日本に対する憧れと好意が一種の風潮となり、いわゆる「日中友好」の時代を実際に体験した世代なのです。

しかし、そんな風潮が退き、「日本はケシカラン」「許せない」と激しく感情をたかぶらせるのが、中国社会の一般的なムードになってしまいました。

そんな状況に、もう黙ってはいられないと思いました。ただ、在籍していた研究機関は中国の大学との交流をやっているので、そのままの身分では迷惑がかかる。だから、身辺整理をし、組織をやめてから本を一冊書こうと思ったのです。

安定した毎月の収入がなくなってしまうので、簡単なことではありません。組織の長からも引き留められました。だけど私は2つの理由から「どうしても書かなくてはならない」と思っていたのです。

ひとつは、民主化運動をやり、天安門事件を体験した人たちが、まるでその記憶を消すかのように変わったことが、どうしても容認できなかったこと。

もうひとつは、日本への「愛着心」です。まだ、日本国籍を取る前だから「愛国心」とは言いませんが、日本のことが歪曲《わいきょく》され、憎しみの対象にされていることに憤りを感じました。実情を知っている、ウソだと分かっている私がせめて、日本人に向けて、発信しなくてはならない、そう考えたのです。

そこで2002年、思いのたけを詰め込んだ『なぜ中国人は日本人を憎むのか』（PHP研究所）を上梓しました。

ルビコン川を渡り執筆活動の道へ

ただ、残念ながら、デビュー作『なぜ中国人は日本人を憎むのか』は、あまり売れませんでした。

この本の原稿は、２０００年には、すでに書き上げていたのですが、当時所属していた民間の研究機関をやめるまでに時間が少しかかりました。それに、本を出すといっても、出版社も知らないし、編集者のツテもない。結局、（当時住んでいた）京都にあるＰＨＰ研究所に原稿を送りました。いきなりです。

すると、しばらくして編集者から電話があった。「ウチから出しましょう。（この本を出すことには）意味がある」と言ってくれたのです。今から思うと、よく私のような何のキャリアもない、氏素性《うじすじょう》も分からない人間の本を出そうと思ってくださったものですよ。発刊の日は、出版社の好意で「２００２年1月30日」にしてもらった。私の40歳の誕生日です。

おそらく当時の中国の「反日」の実態を、これほど詳しく書いた本は日本で初めてだったのではないでしょうか。

ただ、本は売れなかった。反響もなく、新聞、テレビ、雑誌などのメディアで取り上げられることもありません。無名の中国人（当時）が書いた本ですから、当然といえば、当然です。

それでも、私としては、もう戻るわけにはいかない。「ルビコン川」を渡ってしまった。この道（執筆活動）を進むしかなかったのです。

幸いに私のデビュー作に注目した編集者から新作のオファーがあり、同年中に、『中国「愛国攘夷《じょうい》」の病理―吹き荒れる電脳ナショナリズム』（小学館文庫）、『数字が証す中国の知られざる正体―「21世紀は中国の世紀」のウソを暴く』（日本文芸社）の2冊を新たに出すことができました。

せっかく、編集者が注目してくださったのに、この2冊も全然、売れない。売れないから、出版社としても次のオファーを出せないわけです。デビューの年の2002年に3冊出した後の2年間は1冊も本を出せませんでした。食べていくため、以前所属していた民間の研究機関に頼み、中国語の翻訳の仕事を回してもらい、何とか糊口《ここう》をしのいでいました。

ようやく、風向きが変化したのが2005年。中国で大規模な「反日暴動」の嵐が吹き荒れたのです。

「反日暴動」で、四川省成都の日系スーパーが襲撃され、北京や上海でも、デモが暴徒化しました。インターネットによって反日感情が煽られ、群衆の行動も激しさを増していく。

皮肉なこと、一連の事態によって、私がこれまで本で書いてきたことが、「ウソじゃない、真実である」と日本人に信用されたのです。

再び、本の出版の依頼が寄せられるようになりました。さらに、産経新聞社発行の論壇誌『月刊正論』などからも原稿の注文が来るようになったのです。〝筆一本〟の執筆活動が軌道に乗り始めました。

出版社の編集者だけでなく、主に保守系の論壇で活躍されている評論家の方たちとも知り合う機会が増えました。

たとえば、産経新聞社発行の論壇誌『月刊正論』に書くきっかけは、勉強会で知り合った評論家の宮崎正弘氏が、大島信三《おおしましんぞう》編集長（当時）を紹介してくださったからです。そうやって徐々にですが、いろいろなメディアに仕事が広がっていくようになったのです。

こうした中で、もっとも大きな転機となったのが、2009年から、産経新聞紙上に「石平のChina Watch」の連載を始めたことです。声をかけてくださったのは、産経新聞社副社長を務めた斎藤勉氏（現・論説顧問）。2025年3月まで続いたこのコラムを書かせてもらったことで、注目を集めることになり、テレビからも出演依頼が来るようになりました。

執筆活動で安定した収入を得られるようになって、完全に軌道に乗ったのは、2010年ごろでしょうか。

私は中国人として生まれ、大学教育まで受けた「知識層」です。文革期に少年時代を過ごし、中国共産党による〝洗脳〟教育も経験しました。だから、彼らの〝やり口〟がよく分かっている。

その後、日本へ留学し、日本人のホスピタリティーに救われ、精神性の高さにも触れました。民主主義や自由の尊さも知っています。

2007年、帰化し、日本国籍を取りますが、日本で生まれ育ったわけではありません。つまり「元中国人の日本人」。こうした特別な〝立ち位置〟で評論・執筆活動を行っている人間はそんなにいないでしょう。〝純粋な日本人〟ではないからこそ、気付くこともあるし、できることがある。

私は誰に対しても、どこの政府に対しても遠慮をする必要がありません。言いたいことを言い、書きたいことを書く……そのスタンスを貫いてきました。もっと言えば、本を売るため（食べていくため）に書いているわけでもない。もちろん売れるに越したことはありませんが、どうしても「書かずにはいられないこと」があるのです。それを書いてきた。

あえて、自己分析をすれば、そうした姿勢が評価されているのかもしれません。

また、私の視点や見方は、ほかの人とはかなり違う。中国の「反日教育」の実態や、朝鮮民族が歴史上、実は〝加害者〟だったことなどは、ほかの人はほとんど書いていません。

私は、資料を徹底的に調べ、それをできるだけ分かりやすく書く。学者ではありませんから。心がけているのは、「噂」や「ウラが取れない話」は書かないことです。迷惑がかかるのでニュースソースにしている人物もいません。

中国問題ならば、「人民日報」などが書く「公開情報」を分析し、その背景にある動きや思惑を自分なりの視点で探り、掘り下げていくのが私のやり方です。

え、こんな簡単に帰化できるの？

2007年、日本国籍を取得したことを先述しました。

私の気持ちとしては、天安門事件（1989年）が起きた6月4日に、中国とはもう決別していました。早く、日本国籍を取りたかったのですが、国籍を変更することは、そんなに簡単なことではありません。

ひとつの節目となったのは、2002年にデビュー作を出版したとき。ただし、先述したように最初は本があまり売れず、収入が安定しませんでした。日本に帰化する場合は、安定した経済的基盤の確立を問われるので、その条件には合いません。ようやく、執筆活動が軌道に乗り始めた06年に、帰化を申請することができたのです。中国にいる母親をはじめ、誰にも相談はしませんでした。後に報告した母は喜んでくれましたが。

申請してからは、許可が下りるのが待ちきれない思いでした。神戸の法務局に何度か出向き、担当者からいくつかのことについて聴かれました。そこで私は大いなる疑問を覚えたのです。

日本の法務当局が帰化申請で気にするのは、先の経済的基盤や犯罪歴の有無などです。つまり、思想信条は問われません。

もっと大事なことは「日本のことをどう思っているのか?」とか、「何のために帰化するのか?」とか、「日本人となって国家に忠誠を誓う」といったことはまったく聴かれないし、帰化の条件にならない。これは、国家として異常なことだと思いました。だって、日本人となる上で一番大切なことでしょう。こんなやり方をしていては、悪意や一定の意図をもって日本国籍を取ろうとする外国人を防ぐことなどできないではありませんか。

約1年後に無事、帰化申請が認められました。

「許可が下りましたので、来てください」と連絡をもらい、私はもう興奮状態です。

うれしくて仕方がありません。

勇《いさ》んで出かけた法務局で案内されたのは、殺風景な一室でした。そこには日の丸も飾られていないし、君が代も流されない。事務的な説明が淡々と行われ、あっさり終わりました。担当者の説明は、わずか5分ほどで終了。拍子抜けしました。クレジットカードや携帯電話の手続きでも、もっと丁寧に説明してくれるだろう、と思ったくらい。

国籍変更は人生の一大事です。せっかく満を持して、日本人になったのに残念でなりません。どうしても納得できない私は自分なりのセレモニーを考えました。

中国人として生まれたＤＮＡまでは変えられないけれど、縁あって日本人になった。そのことを（日本人の始祖で、伊勢神宮内宮《ないくう》の祭神である）天照大神《あまてらすおおみかみ》にご挨拶をして報告したいと思いました。

２００８年1月3日の朝、正装して五十鈴川《いすずがわ》の宇治橋をわたったときの清々《すがすが》しい気持ち、玉砂利《たまじゃり》の道を歩き、内宮へ一歩一歩と向かったときの感激は、今でも忘れられません。

天安門事件をきっかけに、出身国の中国に精神的決別を告げてから20年、私はこの聖なる伊勢の地において、天照大御神の御前で心身ともに一人の日本人となったのだと痛感しました。

また、同年4月には靖國神社で昇殿参拝を行いました。

こうした、自分なりの儀式を終えて、私は晴れて「日本人になった」喜びを噛み締めることができたのです。

なぜ天皇家は「万世一系」となり得たか

私が日本に来たのは1988年ですが、その翌年1月、昭和天皇が崩御《ほうぎょ》され、世が昭和から平成へと変わりました。昭和天皇の「大喪《たいそう》の礼」、今上天皇の「即位の礼」などの一連の国家的儀式が、完璧な古式に則って厳《おごそ》かに行われるのを目撃した時、懐古志向の私は、深い感動に包まれたことを今でも記憶しています。

それ以来、日本の皇室という存在に大変な敬意を覚えると同時に、その万世一系の謎に対する、知的好奇心もますます深まりました。

その後、日本史をいろいろと勉強したことで、この謎はある程度、解けたような気がします。

簡単に言えば、その歴史の大半において、皇室は政治権力に執着がなかった。時の権力に対して、常に超然たる立場に身を置いてきたことが、天皇家が万世一系の天皇家となり得た最大の理由ではないでしょうか。

もともと、民族の神話、生い立ち及び民族の伝統文化と深く結びついており、皇室は日本民族の存立条件そのものに自らの立脚点を持ち、政治権力に頼らない伝統的権威を自ずと擁しています。

だからこそ、権力に対する超然的な立場に身を置くことができました。このような立場にいると、いくつかの例外を除けば、天皇家の地位は政治権力の交代とはもはや何の関係もない「雲の上」にある。

平安時代に、政治の実権が「摂関《せっかん》」に握られていた時からずっとそうでした。権力の所在が朝廷の貴族から地方の武士へと移されようと、政権が鎌倉の幕府から室町、江戸の幕府へと交代していこうと、こうした世の中の盛衰興亡を横目にして、皇室は自らの伝統を守り続けることによって存立し続けてきたのです。

言ってみれば、権力を持たないこと、権力に自らの存立根拠を置かないことが逆に、天皇家の最大の強みとなり、その〝永続性の根拠〟となった、ということなのでしょう。

そういう意味では、京都御所の質素さと無防備さこそは、日本の皇室の強さの象徴でもある。つまり、権力というものに自らの存立根拠を置いていないからこそ、ヴェルサイユ宮殿やクレムリン宮殿のような尊大な建造物をもって人々を威圧し、自らの権力を誇示《こじ》する必要もない。

時の権力から超越した立場にあって、権力というものに対してまったく無欲であるからこそ、いかなる権力からも攻撃されることなく、無防備のままでいられるのです。

戦前では、天皇誕生日は「天長節」と呼ばれていましたが、「天長」という言葉の出典は、実は中国古典の一つである『老子』にあります。

「老子道徳教」とも称されるこの書物は、二千数百年前に老子という伝説の謎の人物が著したといわれる珠玉《しゅぎょく》の格言集で、いわば「中国的智慧《ちえ》」の集大成のようなものです。

「天長節」の出典は、「天長地久」（天は長く地は久し）の文言で始まる「老子」の中の「韜光《とうこう》第七」という節ですが、明治書院刊行の『新釈漢文大系7　老子・荘子』の訳文に従えば、それは次のような内容です。

「天地は長久である。天地が長久であり得る訳は、自ら生きようという意識がないからである。故に、よく長久でありうるのである。だから、天地のこの無私の態度にならう聖人は、自分の身を後にして、他の人々を先に立てようとするが、かえって人々から慕われて、その身が先に立てられるようになり、自分の身を考慮の外に置いて、人々のために尽くすが、かえって人々から大切にされて、その身が存続される。それは聖人の無私の態度からそうなるのではないか。無私だからこそ、その大我が完成されるのである」

『老子』の言葉をここで長々と引用したのには、もちろんワケがあります。

実は最近、『老子』のこの一節を再読した私は、ここで語られている「天長地久」の摂理と、この天地の摂理に適った「無私」の聖人の道は、それはそのまま、万世一系の日本の皇室のあり方そのものではないか、と気がついたのです。

なるほど、その長い歴史の中で、民と時の権力に対して日本の皇室は常に「自らの身を後にしてほかの人を先に立て、自分の身を考慮外に置いて人々のために尽くす」という「無私」の態度を貫いてきました。

日本という国と、その民を「わがもの」にしようとするような私欲もなければ、権力に飛びついて一族の「栄達」を図る必要もない。

権力はすべて、摂関や将軍などの「臣下」たちに譲り、日本の天皇は自ら京都の一角の「貧相」な住まいで、質素な生活に甘んじながら、日本国の安泰と民の幸福を一心に祈るという祭祀《さいし》的な役割に徹したのです。

しかし、そのことによって、皇室は日本という国にとって欠かせない重宝となり、民たちからはいつも慕われる身となりました。それゆえに、いかなる権力からも侵されない超越的な存在となった。

皇室は、権力の交代とは関係なく、その「大我」としての永続性が保たれてきたのです。

まさに老子の教えた通り、無私だからこそ長久なのです。それこそ『老子』という中国古典の示した最大の智慧でもあるでしょう。

「中国の智慧」は、中国では概して忘れられており、むしろ、日本に生きているのです。

皇室を持つ日本人の僥倖

もちろん、皇室の永続性は皇室だけのためにあるのではありません。

まさに、万世一系の皇室があるからこそ、日本はわが中国がかつて経験したような「易姓《えきせい》革命」という名の王朝交代を必要としないのです。それゆえ日本民族は、わが中国の祖先たちが王朝交代のたびに体験しなければならなかった、長期間の戦争と動乱と殺戮《さつりく》の悲運を免れています。

そして、日本民族が存亡の機に瀕《ひん》した時、かけがえのない救世主としての役割を果たしてきました。

日本が西欧列強の植民地になるかもしれない危機を救った明治維新は、まさに天皇の錦旗を掲げた「王政復古」であった。大東亜戦争の終戦の時、昭和天皇による詔書一つで出口のない戦争状態が収拾され、「万世の太平」が開かれたのです。

超越的な存在としての無私無欲の皇室を持つことは、まさに日本民族の幸運であり、日本歴史の僥倖《ぎょうこう》と言えます。

元中国人の私は羨《うらや》ましい思いで日本の歴史を眺めつつ、一人の「愛日主義者」として日本の皇室の天長地久と、日本民族の永遠の繁栄を願いたい気持ちです。

そして、今から思えば、皇室の存在を含めた素晴らしい伝統を持つ美しい日本に来たことは、まさに私の人生にとって、最大の幸運と僥倖でした。日本こそ、多くの心の受難を体験してきた私の魂がたどり着いた安心立命の地なのです。

もし、人生の終焉の時に古人に倣《なら》い「遺偈《ゆいげ》」でも書くとすれば、詩才のない私は現代の普通の日本語で、次のひと言だけを言い残したい。

「この日本に来て本当に良かった！」

西郷隆盛や楠木正成のようにありたい

こうして私は心の底から日本人になりましたが、歯がゆい思いにかられることがしばしばあります。それは日本人が自信を喪失している、誇りを見失っていると感じられるからです。

日本は先の大戦に敗れ、ＧＨＱ（連合国軍総司令部）の占領政策によって、それまで築いてきた精神や伝統をことごとく否定されてしまいました。

たとえば、明治天皇による「教育勅語《ちょくご》」。そこにあるのは普遍的で、ごくごく当然のことです。親への孝行や夫婦円満に暮らすこと、人への慈愛や学問に励むこと……それらが世のためになる、と書かれている。これのどこがいけないのでしょうか？　今の世の中にも通じるし、むしろ、今こそ大切にすべき価値観ではないでしょうか？

親しくさせていただいていた渡部昇一先生（上智大学名誉教授、1930～2017年）はこう言われました。教育勅語を否定するのであれば、「夫婦和合」も否定するのか？　と。明治帝の勅語だからいけないとでも言うのでしょうか？　GHQの占領政策が終わり、80年近くもたったのに、まだそれに縛られるのでしょうか？

その最たるものが、占領中に〝押し付けられた〟日本国憲法でしょう。自民党は憲法の改正を党是として、1955年に結党されたはずです。ところが今に至っても、改正は実現していません。

日本の政治の怠慢です。もっといえば、日本国民は思考停止状態に陥っていると言わざるを得ません。

神戸大学大学院に在籍中、司馬遼太郎さんの小説をむさぼるように読み、日本人の精神に触れたことは先述しました。多くの日本人の生き方の中で、私がもっとも魅力を感じたのが、明治維新の元勲、西郷隆盛です。彼ほど、武士道精神を貫いた人物もいない。

明治新政府が成立した時、彼はその最大の功労者として、高位高禄を約束されていたにもかかわらず、あっさりとそれを辞して故郷に帰り、犬と猟師と山川を相手に、野人同然の生活を楽しみました。

「征韓論」をめぐる政争に敗れた時、彼は兵力を一手に握る実力者の立場にありながら、クーデターを起こして自らの主張を押し付けたり、自らの地位を守ったりするようなことは一切しなかった。

彼は、ただ潔《いさぎよ》く官職を辞して、故郷の鹿児島に戻りました。そして、純粋な青年たちと起居をともにし、芋飯を常食とし、昼間は自分で肥料桶を担いで農耕に励み、夜間は学問をして過ごしたのです。新政府に請われて官職についた時にも、絣《かすり》の着物に兵児帯《へこおび》という文字どおりの弊衣《へいい》を身にまとい、茅屋《ぼうおく》に住むという質素極まりない生活を送りました。

あれほどの仕事をし、高い地位に上りつめた人間がカネには無頓着で、清貧な生活をした。私利私欲がまったくなく、卑怯な振る舞いをしない。自分を慕う若い（元）武士たちの心に寄り添い、自分を犠牲にして潔く死んでゆく。西郷ほどの戦略性や大局観をもってすれば、もっと違う道があったかもしれないのに、です。人間の精神が到達できる、最高の高みでしょう。

西郷の漢詩を見たことがありますが、実にすばらしい。彼は『論語』などの教養においても優れていました。中国にこんな高潔な人物はいません。どこまでも「一点の私心もない光風霽月《こうふうせいげつ》の人」（伊藤博文）であり続けたのです。

南北朝時代に南朝方として戦った楠木正成《くすのきまさしげ》も、ある意味では西郷と似ています。楠木の戦略性の高さは西郷に勝るとも劣らない。本気で戦えばこんな強い武将はいません。ところが最後は、最初から「負けると分かっていた」戦いに挑んで潔く死んでゆきます。（楠木が仕えた）後醍醐《ごだいご》天皇は負けると思っていなかったかもしれませんが、楠木には敗戦が見えていた。それでもなお、自分が信じる道、大義のために戦ったのです。この点でも西郷に似ていると思います。こうした生き方も中国にはありません。

私が集めていた司馬さんの小説などは、1995年の阪神大震災で被災し、住んでいた文化住宅が半壊したとき、泣く泣く捨てざるを得ませんでした。返す返す、残念でなりません。

どこまでも信念を持って伝えるべきことを伝える

今は3人家族です。子供とも時間があれば、私と一緒にいろいろなところへ出かけるし、何よりも「立派な日本人」になってほしいと願っています。それは、礼儀をわきまえ、美しい心を持ち、大きくなれば、この国（日本）のために力を尽くすことができる人間です。

ただし、それだけでは十分でありません。日本人が古来大切にしてきた精神や美徳、価値観といったものをしっかりと学び、身につけてもらいたい。そう、西郷さんや楠木正成のようになってほしい。私自身が1988年に来日して以来、そんな日本人の精神に触れて感動したように、息子にも伝えたい。

『日本の心をつくった12人』（PHP研究所／2020年）で取り上げた「日本人」は、先述した私が大好きな西郷隆盛（南洲《なんしゅう》）をはじめ、楠木正成、源義経、徳川家康、東郷平八郎らです。今の日本人、特に政治家や官僚ほど、こうした先人の素晴らしい精神を忘れてしまっているのではないか、と残念に思えてなりません。

中国には、母親と妹が住んでいます。しかし、習近平政権になって以来、身の危険を感じて中国には行くことができません。

結婚する前に、今の妻を連れて中国に行ったのが最後です。日本の婚約者をどうしても母に会わせたかったのです。

胡錦濤《こきんとう》政権時代は、どんな動きをしてくるのか、ある程度は予測ができました。ところが、習近平政権になってからは、何をするのか、どんな手を使ってくるのか、分かりません。いきなり、罪もない人間を拘束することも平気でやる。事実、今も5人の日本人が不当に拘束されたままです。

だから、習近平政権になってからは一度も中国へ行っていません。さらにいえば、香港にも行けなくなりました。新たに施行された国家安全維持法に私は明らかに違反していますから。

とはいえ、母と会えなくなったわけでもない。数年前に妹夫婦が移住している第三国で落ち合い、息子の顔を初めて母に見せました。母は私のやってきたことにずっと反対しませんでした。日本国籍をとったときでさえもです。政治的なことにはかかわらないし、私のせいで、身の危険が及ぶことなどないと思うのですが……。

　私が住む日本へ来てもらってもいいのですが、やはり、母が中国へ戻ったときに当局から追及を受ける可能性は完全には否定できません。

　しかし、どんな状況になろうとも、中国への厳しい批判をやめたり、筆を曲げたりするつもりは、まったくありません。

「環球時報」(「人民日報」傘下の官製メディア)が二度ほど、名指しで非難されたことがあります。「石平の書くことはウソだ」と。

　身の危険を感じたことはありません。日本にいる限り、自由と民主主義に守られて安全だと信じています。執筆・言論活動についても、それをやっていることが、むしろ安全につながると思っています。私は誰に対しても遠慮をする必要も、そのつもりもない。これからも、です。

　だからこそ、中国の将来を知らず、目先の利益のために甘い態度を取る日本の政界・財界に歯がゆい思いをするばかりです。日本人は中国の正体に一刻も早く気づいてもらいたい。
次章では改めて中国がいかに恐ろしい国であるか、取り上げたいと思います。

4章

私の中国観

——なぜ、中国をこれほどまで警戒しなければならないのか

アーサー・H・スミスの「中国人的性格」

中国の正体を知るには、少し前の話になりますが、2020年初頭、「武漢ウイルス」を例にとるのがいいでしょう。

「武漢ウイルス」は瞬《また》く間《た》に中国全土、そして世界各国に感染拡大し、多くの感染者と死亡者が出て、世界中がパニック状態に陥りました。

その成り行きを観察していましたが、発生源である当の中国の態度はまさに「中国的」でした。情報の隠蔽《いんぺい》で事態を深刻化させ、被害と混乱を周囲に拡大、挙げ句に悪いのは自分たちではなく、他者であると平然と責任転嫁したのです。

さらには自分たちこそ犠牲者を出しながらも新型ウイルスと対峙《たいじ》した救世主であり、感謝されるべきだと居直り、「習近平主席は新型コロナウイルスを退治し、世界を救う偉大な領袖《りょうしゅう》」というイメージを内外に喧伝《けんでん》しました。「新華社通信」は「正々堂々と言う、世界は中国に感謝すべきだ」と、唖然《あぜん》とするような論評を掲げたほどです（2020年3月4日付）。

こんな中国の言動に対して、世界が憤《いきどお》りの目で見ました。

非常時こそ本性が出ると言いますが、こういった中国の姿勢こそがまさしく中国の本性、本質だと思います。そしてその裏には、中国が2000年近く染まってきた儒教や中華思想の影響が見て取れます。

この中国的気質や本性、本質は少しも変化していません。アメリカ人宣教師、アーサー・H・スミスが執筆した『中国人的性格』（石井宗皓・岩崎菜子訳／中央公論新社）を手にとると、よくわかります。

スミスは1845年、アメリカ・コネチカット州生まれ。コロンビア大学医学部を卒業後、1872年、アメリカ最古の海外伝道組織であるアメリカン・ボードによって清《しん》朝時代の中国に派遣されました。スミスは20年超、中国人とともに生活しながら、外の目でじっくりと中国人の実態、行動原理、民族としての基本的思考を観察・分析し、「ノース・チャイナ・デイリー・ニューズ」や「ノース・チャイナ・ヘラルド」に寄稿します。そして、それらの寄稿文が一冊としてまとまったのが、先の本です。

この歴史的名著に接すると、中国人の行動原理は当時も今も、まったく変わっていないことがわかります。

スミス本の目次を見てみましょう。〈無神経〉〈公共精神の欠如〉〈思いやりの欠如〉〈相互不信〉〈誠実さ（信）の欠如〉――いかがですか。さらにスミスは中国人の特質を、誤魔化し、ウソつき、責任転嫁……などと評する。もうどうしようもありません（笑）。

メンツが何よりも大事

スミスは次のように書いています。

《我々が経験し、観察した限りにおいては、中国のどこにも誠実さは探し当てられなかった。（中略）真実を尊重しようとしない国民に、誠実さはあり得るのだろうか》

誠実さが尊ばれず、ウソと謀略が横行する中国を信用することほど愚かなことはありません。

しかも、中国人の場合、落ち度を指摘されると、誰かが告げ口をしたか、自分のことを誤解していると考えます。武漢ウイルスにしても、隠蔽《いんぺい》体質によってここまで世界に感染拡大した責任を負っているのに、中国政府や習近平は謝罪の言葉一つ口にしませんでした。

ウイルスの発生源は誰が見ても武漢と決まっているにもかかわらず、中国は、武漢であるとは確定されていないと言う。米軍が持ち込んだとか、イタリアが発生源ではないかと責任転嫁する始末です。

スミスはこう書いています。

《(中国人にとって)過失を非難されることは〈面子《メンツ》を失う〉ことになる。だから面子を保つためには、証拠がどうあれ、彼らは事実を否定せねばならない》

まさに、今の中国そのものです。

今日の国際社会においては一定程度のルールがあります。それによって公正性を担保し、正義を守ることができる。ところが、中国は欧米がルールに縛られるのにつけ込んできます。たとえば、マスクを武器にして、外交を有利に進めるのもその一つでした。日本やイタリアなどにマスクを数十万単位で大量に寄附して、恩を売ったり、あるいは高く売りつけたりしたのです。しかし、そのマスクには粗悪品も混じっていた。

フィンランドの政府高官は、中国から緊急輸入した医療用マスク200万枚が品質基準を満たしていなかったとして「失望」を表明したほどです。フィンランド以外でも、オランダやスペイン、チェコから同様の声が上がりました。

ところが、中国は、

「確かに中国製品の中には、悪いものがないわけではない。でも、そちら側の製品にもいくつか問題がなかったとは言い切れない。公正・公平に見てほしい。一方的に我々中国をイジメるのはおかしい」

と言い訳したのです。どれほど真っ当な批判を浴びても、あらゆる理屈と弁論を利用して、自分たちを正当化する――それが中国人の行動原理の一つなのです。

思いやり精神がない

中国人はタテマエ上「五常＝仁・義・礼・智・信」という五つの徳目を重んじます。これは儒教から来ており、スミスの本でも紹介されていますが、具体的に言いますと、「仁」は思いやりの心、「義」は正義・公共精神、「礼」は礼儀・作法、「智」は理性・知性、「信」は信用を意味します。

この五常が漢の時代から重んじられており、中国人の知識人は、この五常を体得することを学問の主眼にしてきました。

でも、私に言わせれば、次のひと言で済みます。「いつも、この〝五常〟とは正反対の行動を取っているのが中国人である」と。

では、一つずつ見ていきましょう。「仁」＝思いやりの心ですが、スミスは次のように書いています。

《中国人の思いやりの欠如を端的に示しているものとして、花嫁が結婚式の日に受ける扱いがある。彼女たちは、大抵は大変若く常に臆病だ。（中略）誰であれ、花嫁の駕籠の垂れをめくって花嫁をじろじろ見ても許される地方もあれば、花嫁が通る時に未婚の娘たちが手頃な場所に陣取って、花嫁に一握りの干し草の種や籾殻《もみがら》を投げかけることを無上の喜びとする地方もある。その干し草や籾殻は花嫁の念入りに油を塗った髪の毛に執拗に張り付き、なかなか取れない》

また、中国では嫁姑問題が深刻で、嫁が嫁ぎ先の家族全員からイジメられることが頻繁にあります。その状況に耐えられなくなった嫁が自殺する事件も多い。自殺者が出たとしても、嫁ぎ先の家は何ら責任を負いません。自殺するほうが親不孝者であり、不義理だと考えられているからです。

ほかにもスミスは、

《溺れている人がいても中国人が何の救助もしようとしないことは、中国にいる外国人たちを驚かせる。（中略）外国の蒸気船が揚子江で炎上したことがある。その出来事を見ようと集まった中国人の群集は、その乗客や船員を救うためにほとんど何もしなかった》

《見知らぬ人に対する不親切が最もはっきり分かるのは、おそらく中国を旅している時だろう。（中略）彼が進んでいる道の先が沼地で行き止まりになっていることを誰も教えてくれない。あなたが沼地に入り込む道を選ぼうとも、近隣の納税者たちの知ったことではないのだ》

と。こういう目を覆いたくなるような残酷な部分が、中国人には存在します。

現代でも、たとえば、ある街で女性がビルから飛び降り自殺を図ったとします。でも、なかなか飛び降りる決心がつかず、足踏みしている。そうすると、瞬く間に見物人が集まり、好奇の目で女性がどうするかを見ているのです。彼らは心配して集まっているのではなく、「早く飛び降りろ。どうなるか見てみたい」――その瞬間を心待ちにしているのです。高齢者は立って見ていると疲れるからか、椅子を持ち出すほど。

さらに、饅頭《まんじゅう》売りまで登場し、商売に勤しみます。見物人の誰一人、自殺しようとする女性を心配する素振りや気配を見せません。このように思いやり精神のない人々なのです。

「義」はどうか。スミスが、

《人々は、個人であろうと全体としてであろうと、自分が個人的に損をすることのない限り、公の財産がどうなろうと何の関心も責任も持たない。実際、道路ばかりでなく、何であろうと〈公〉という概念は中国人にとって相容れないものなのである》

と指摘している通り、中国人には公共精神が欠落しています。社会・公共なるものは、関係がありません。むしろ、奪い取ることを優先します。

《中国人は、〈公〉のものに関心を持たないどころか、もしその公的財産が保護されておらず、またそれが利用できるものであれば、盗みを働こうと狙っている。道路の敷石は自分で使うために持ち去るし、城壁の表面のレンガは数平方ロッド（面積の単位、一平方ロッドは約二五・三平方メートル）にわたって次第になくなってしまった》

中国人にとって、〝公〟こそ奪い取る対象なのです。

次に「礼」。中国人は昔から礼儀にうるさい。

長幼の序を重んじますし、三跪九叩頭《さんききゅうこうとう》の礼（一度跪《ひざまず》いて、3回頭をたれるという動作を3回繰り返すこと）もあるように、儀式張ることを好みます。しかし、スミスは次のように指摘します。

《礼儀は、空気枕に喩《たと》えられてきた。空気枕も礼儀も、中身は何もないが、ショックをかなり和らげることができるからだ》

《中国人の果てしなく続く宴会は、相当に恐ろしいものだ。信じられない程の量と種類の料理が果てしなく供され、中国人にしてみれば、この程度のもてなしではまだ短すぎると思うようだが、外国人にとっては恐怖であり絶望である》

大量の食事を出す行為も、お客が食べたいかどうかではありません。自分がいかに権勢を揮《ふる》っているかを示したいがためなのです。儀礼的訪問に関しても指摘している。

《中国では限度というものはないのだ。訪問を受ける側が、宿泊していくように客に申し出ない限り、客は疲労で青息吐息になるまで話し続ける。中国人は、外国人を訪問する時に、時間の存在とその貴重さがどうしても分からないようだ。彼らは

何時間も坐り続け、自分から暇《いとま》を告げることなど全くないと言ってもよい》

こういった話を総合すると、中国人の「礼」とは相手に対しての礼儀ではなく、自分の面子を立てるための技術に過ぎないことがわかります。スミスも次のように指摘します。

《いかなる振る舞いも、結局は〈面子の問題〉に関わっていることを示している。特に大都市においてであるが、外国人に雇われた中国人の取る上辺の礼儀正しさの多くは、外面の化粧板に過ぎない》

次に「智」。中国人も当然、知識を重んじます。ですが一方で、物の正しさ、正確さを求めることはありません。

《中国人は、何百とか何千とか何万という表現をし、それ以上の正確さは気にしない》

まさに「白髪三千丈《はくはつさんぜんじょう》」の世界です。ですから、数字に対して実に適当、大雑把。技術革新や科学的発想が、今後も中国から生まれることはまずないと言っていいでしょう。

「ウソつき」という言葉はない

最後に「信」。中国ほど相手を信用しない社会はありません。相互不信の上に社会が成り立っています。誰に対しても誠実さがなく、ウソをつくことなんて日常茶飯事。

スミスは一つ、興味深い例をあげています。

《中国人は平常の会話において、嘘とまでは言えなくても真実を述べていない。したがって、真実を知るのは大変困難なことが多い。中国にあっては、この世で最も手に入れ難いものは真実である》

と。確かにその通りで、中国では真実よりも「いかに利益が得られるか」が重視されます。だからウソをつくことに恥じらいを覚えません。一つの面白いエピソードをスミスは紹介しています。

《中国語をあまり話せない外国人が、彼の召使いの一人に過失があったり怠慢であったりしたことに腹を立て、英語で〈humbug〈ペテン師＝嘘つき〉〉と罵《ののし》った。召使いはほどなく、彼の質問に対応できる程度に十分に中国語力のある婦人に、彼に投げかけられたその恐ろしし気な言葉が何を意味するのか教えて欲しいと頼み、〈その意味を知って〉〈致命的な言葉を受けたことに深く傷ついた〉のだった》

この召使いの反応のように、中国語には「ウソをつく」という言葉はあるものの、「ウソつき」に相当する単語が存在しません。

どうしてないのか。そんな言葉をつくる意味がないからです。日本人は毎日、白いご飯を食べます。そんな人を指して「ご飯食べ」とは言わないでしょう。当たり前のことだから。それと同じで中国語に「ウソつき」がないのは、ウソをつくことがあまりにも自明の理なのです。

そして、中国人ほど中国人を信用していません。スミスは、中国の諺《ことわざ》、「一人で寺に入るな。二人で井戸を覗《のぞ》くな」を取り上げ、次のように説明します。

《我々は驚いて尋ねる。なぜ一人でお寺の境内に入ってはいけないのか。それはなんと、僧侶がその機会を捉えて彼を殺してしまうかもしれないからなのだ！　また、なぜ二人で一緒に井戸を覗き込んではいけないのか。それは、もし彼らの一方が他方に借金をしているなら、あるいは一方の欲しい物を他方が持っているなら、一方の者はこの機会を捉えて他方を井戸の中へ突き落としてしまうかもしれないからなのだ！》

つまり、誰も信じるなと。西洋社会の場合、子供が成人し、親元から離れるとき、親は子に「社会にはさまざまな人間がいる。誠実な人間もいれば、不誠実な人間も。だから用心しなさい」と忠告します。

しかし、中国人の子供には、そんな忠告など必要ありません。最初から一歩外に出れば、みな悪人という世界だからです。

「宗族」という社会組織が中国の支え

こうして見ると、スミスが観察した中国人の行動原理は、実に的確な指摘であり、今でも何ら変化していないことがわかります。ですが、スミスはあくまでも中国社会を外（西欧社会の目）から観察し指摘している点に注意を払う必要があります。当然ですが、スミスは中国人社会の内部事情まで把握できていません。中国人社会を内側から見れば、また別の側面が浮かび上がってきます。

中国は古来、「宗族《そうぞく》」という社会組織を何よりも大切にしてきました。私の父親が生まれた家も、「石氏」という宗族の一つに属しています。石氏の先祖が300年前、とある場所から四川省に流れ着き、家族をつくって子孫を繁栄させました。そして私の祖父の代になると、何百軒という石家が同じ地方のいくつかの村で住むことになります。大きな宗族になると、場合によっては何千軒規模となる。

そして一族の先祖を祀《まつ》る宗廟《そうびょう》（祠堂）をつくり、祖先崇拝の拠点とします。そこは同時に一族全員が集まり、連帯意識を高める場ともなる。宗族の中で人望の厚い人間が族長となり、宗族を統率します。

宗族が大きくなればなるほど、大きな財源が生まれ、一族内の子供たちの教育費に充てたりします。義務教育がない時代、学校制度がなかったため、一族が子供たちの教育の面倒を見ていました。文字を教える先生を招き、塾を開いて、子供に基礎教育を施したりすることも。

それ以外にも、両親が早くに亡くなった孤児を宗族で引き取り、面倒を見ることもあります。裁判も時にはありました。宗族の中で罪を犯し、捕まった人間がいたら、祠堂に連れてきて裁決を下す。

宗族内では中国人はお互いを信頼し合い、相互扶助し、思い合って、連帯感を高め合っているのです。だから、ウソをつくこともできません。生まれてから死ぬまで宗族の中で生きますから、一度ウソをついたら、みなから信用されなくなり、居場所が奪われてしまう。時には宗族内で争いごと、もめごとがありますが、そのときは族長が調停役を務め、穏便に進める。

つまり「仁・義・礼・智・信」の五常が、宗族内では立派に生きているのです。

ところが、この宗族からひとたび外に出た途端、一気に豺狼《さいろう》の世界と化す。政治権力、社会制度、公共……これらをまったく信用しません。ウソをついてもいいし、罪を犯しても問題ないと考えています。

いや、もっと言えば、宗族の外で罪を犯した人間は、宗族総出でその人間を守るために力を尽くします。そのため、公《おおやけ》の精神が育まれません。「公」は宗族内にあって、それ以外にはないのです。

中国の官僚は汚職が当たり前です。なぜか。官僚になるためには科挙試験に合格しなければなりません。宗族が一族を挙げて科挙試験合格のために、教育を徹底的に施します。だから、誰か一人でも科挙試験に合格し官僚になれば、宗族を繁栄させる義務があります。ですが、官僚の給料だけでは宗族全体を繁栄させることはできない。

となると賄賂《わいろ》をもらい、私腹を肥やす以外に道はありません。宗族からすると、賄賂を取ることで一族が繁栄するわけだから、万々歳です。清廉潔白な官僚は、宗族からまったく歓迎されません。何の利益もありませんから、追い出す以外にありません。

スミスはこの中国人の実態まで見抜くことはできませんでした。ただ、仕方のない面もあります。ここまで狭い世界に中国人が生きているなんて、思いも寄らないことだったでしょうから。

一番の対策は「敬して遠ざける」

実は、この「宗族」という社会組織は一部の農村を除き、都会では廃《すた》れましたが、今でも形を変えて受け継がれています。では、どういう形態になっているのか。「圏子《チュエンズ》」と言います。「サークル」という意味ですが、この共同体を通じて一種の擬制的な家族制度を形づくっています。

たとえば、公安局長、税務局長、裁判官、地元の経営者……など、10～20人で「圏子」をつくり、自分たちの利益を守る。この中では、経営者は脱税し放題です。なぜなら税務局長が見て見ぬフリをするから。公安局長もいるので、多少の犯罪なら逮捕しません。

もちろんお金を持っている人たちは定期的に公安局長や税務局長に賄賂を渡している。要するに「圏子」内は治外法権なのです。

中国は国際社会に対して、どうしてここまで残酷で、無責任なのか。簡単な話、中国以外の外国は「圏子」外と考えているからです。もっと言えば、同レベルの人間だと思っていません。

だから、世界に対して、どれほど悪行を働いてもまったく構わない。騙すのも当然。誤りを認めることもない。「圏子」を繁栄させることが、彼らの目的ですから。

もちろん中国国内でも、さまざまな「圏子」に分かれます。中国共産党も一つの「圏子」と言えるでしょう。

これが中国社会の本質です。歴代の征服者との関係の中で、圧政や暴政から自分たちの身を守るために中国人が見出した「宗族」や「圏子」は3000〜4000年続いてきた社会制度です。ですから、中国人は外の社会に対して永遠に冷たいままなのです。

スミスは一つの予言めいた言葉を残しています。

《中国人は我々にとって多かれ少なかれ謎であるし、謎であり続けるに違いない。(中略)。彼らの民族と我々の民族との来たるべき衝突(それは年月を経るにつれて益々激しくなりそうなのだが)と、この含蓄のある命題とがどう関係するかについて、ここで敢えて予測はしない。我々は、一般論として適者生存を信じている。果たして、〈神経質な〉ヨーロッパ人と、疲れを知らず、どこにでも浸透していく粘り強い中国人のどちらが、二十世紀の争いで生き残るのに適しているのだろうか》

その争いは21世紀の今も引き継がれています。

日本は中国に接近しすぎると、必ず不幸な目に遭います。

中国を安易に信用してはなりません。先に挙げた中国人の特性を見てください。甘い顔をして、利用するだけ利用したら、途端に冷たい顔をする。こういった中国人の行動原理を深く理解し、把握した上で、敬して遠ざけることが肝心です。

中国問題における二つの本質を見極める

さらに、中国問題を考えるときには、二つの本質を理解する必要があります。

一つは、皇帝独裁の政治体制から永遠に脱却できないこと。

もう一つは、中華思想に基づく侵略的覇権主義という本性は変わらないこと。

2000年以上にわたって中国を支配してきたこの二つの毒が、習近平という〝独裁者〟に濃厚に凝縮されています。

では、中国で独裁者になるとは、どういうことでしょうか。それを知るには、秦《しん》の始皇帝以来の「皇帝政治の伝統」を理解する必要があります。

秦の始皇帝以来、中国は皇帝独裁の中央政権体制から脱却することができませんでした。ひとたび皇帝になれば天下を私物化し、一族が利益を独占します。すると、ほかの一族も皇帝の座を狙い、王朝の転覆を図ります。こうした易姓《えきせい》革命による王朝の交代はありますが、新しい皇帝一族がまた中央集権の独裁体制で天下を私物化します。

中国では秦の始皇帝から清王朝まで、ずっとこの繰り返しでした。

しかし、清王朝末期に西洋思想が入ってきます。民主主義という概念も初めて入ってくる。そこで一部の人々が民主主義と科学を中国に導入しようとします。その先頭に立ったのが孫文《そんぶん》たち革命派でした。

孫文と彼の理想に共鳴する人々の多くは、日本で教育を受けていました。彼らは東京で「中国同盟会」という革命組織を結成。同盟会の綱領が「満洲族駆逐、中華回復、民国建国、地権平等」であることからもわかるように、孫文たちが目指す革命は、近代国家建設のための革命であると同時に、清王朝をつくった満洲族を駆逐し、中華を回復させるための民族革命でもあった。

孫文たちは1911年、辛亥《しんがい》革命を起こします。翌年1月1日、孫文は南京で中華民国の建国を宣言し、臨時大総統に就任。中国史上初の共和国の誕生です。2月12日には最後の皇帝が退位し、清王朝は滅亡。これでいよいよ民主主義が始まるかと思ったら、全然始まらない。

中華民国は北洋軍閥の袁世凱《えんせいがい》に乗っ取られてしまいます。袁世凱は1912年3月、第2代中華民国の臨時大総統に、次いで13年10月には初代大総統に就任。孫文らは第二革命を起こし、反袁運動を始めますが、さらなる独裁を志向する袁世凱は大総統では飽き足らず、1916年1月、中華民国に代わる「中華帝国」の建国を宣言、自ら皇帝として即位します。

この袁世凱による帝政復活は全国で猛烈な反発を招きます。孫文ら革命派が反袁・

反帝政の第三革命を展開する一方、地方の軍閥はもとより北洋軍閥の諸将まで袁世凱に反旗を翻《ひるがえ》す。軍閥の諸将からすれば、袁世凱が大総統であれば、彼が引退したあと自分たちがトップに立つチャンスがありますが、皇帝になってしまえば、自分たちは永遠に袁家の家来になるしかないからです。

結局、袁世凱は皇帝即位からわずか2カ月で帝政を廃止すると、6月には病死。袁世凱の帝政復活はこうして失敗に終わり、中国は再び共和国に戻りました。しかし、清王朝皇帝の退位からわずか4年後に新皇帝が再び登場したことは、2000年以上にわたって中国を支配してきた皇帝独裁の伝統の根強さを印象づけるものだった。

これ以降、自ら皇帝を名乗り、公然と帝政復活を唱える人物が現れることはありませんでした。しかし、実質上の皇帝となって天下を支配しようとする政治指導者は後を絶ちません。

ある意味で、清王朝の最後の皇帝が退位したあとの中国の近現代史は、「新皇帝」を次から次へとつくり出していく歴史だったのです。

皇帝が退位してもまた新しい皇帝が生まれる

「新皇帝」の最たる存在が毛沢東――。

１９４９年10月１日、毛沢東は首都・北京の天安門の城壁の上で、数十万人の大衆に向かって中華人民共和国の建国を宣言しました。

共産党が新しい中国の首都として、なぜ北京を選んだのか。答えは簡単です。北京こそ中国大陸だけでなく、アジア世界、すなわち天下に君臨した明王朝と清王朝の都であり、明と清を継承する正統な王朝を樹立し、皇帝となったつもりの毛沢東にとって、北京を首都にするのは当然の選択だったのです。

そして天安門とは、明王朝と清王朝の皇帝の住まいであった紫禁城の正門。新皇帝になろうとする毛沢東にとって、紫禁城の正門こそ、建国を宣言する最適の場所だった。

この建国の式典において、毛沢東自身が数十万人の民衆に「毛沢東万歳」と叫ばせました。日本では誰に向かって「万歳！」を叫ぼうが自由ですが、中国の場合、長い伝統の中で「万歳」という言葉を捧げる対象になるのは一人しかいません。そう、中国の皇帝です。

こうして毛沢東は紫禁城の正門の上に立ち、万民からの「万歳」の歓声の中で、新しい皇帝として〝即位〟したのです。

共産党政権は最初から一党独裁の政治体制をつくり上げました。政治、経済、軍事、外交、そのほかすべてを共産党が支配する体制です。そして、ここに君臨したのは、毛沢東という個人独裁者だった。毛沢東は新しい皇帝になったのです。

結局、毛沢東は27年間、新しい皇帝として君臨しました。しかも昔の王朝時代の皇帝よりも、さらに独裁的で残酷だった。

2章でも取り上げましたが、建国以降、毛沢東が主導した反革命分子鎮圧運動、反右派闘争、大躍進政策、文革などによって、おそらく1億人もの人々が殺されたり、自殺に追い込まれたりしています。これほどの人を殺したからこそ、毛沢東は本当の皇帝になり得たのです。

その毛沢東の時代も1976年、毛沢東自身の死をもって終わりました。そこで死んでいなかったら、犠牲者はさらに増えていたでしょう。

中国は民主主義国家にならない

そして毛沢東の死後、46年後、再び「皇帝」が現れました。それが習近平です。彼は2022年10月の党大会で、最高指導者が2期10年で引退するという鄧小平《とうしょうへい》時代以来のルールを破って自らの続投を実現し、終身独裁者（すなわち皇帝）となるための道を開きました。

習近平が「皇帝」になろうということは、「中国という国は永遠に皇帝政治から抜け出せない」ことの証左と言えます。最高権力者が皇帝政治の伝統から脱せないと同時に、独裁者がいなければ国が安定しないという理由から国民が皇帝政治を求める伝統も根強く生き続けているからです。国の安定のために国民が独裁者を求める点は、強い指導者を求めるロシアとよく似ています。

アリババを世界的IT企業に押し上げたジャック・マーですら、中国人と同じ思考回路を持っている。中国国内のあるフォーラムで、マーは「我々の政治体制は一番素晴らしい」と発言しました。なぜか。米国や日本では指導者が次々に替わる。そのため政治が安定しない。しかし、中国の政治は違う。

「共産党の指導下で長期政権が続くため、政治が安定している」

そのようにマーは言うわけです。習近平に排斥される前とは言え、世界的経営者だとしても、中国国内向けには、体制に阿《おもね》るような発言を公の場でする。本心かどうかはわかりませんが、公の場で共産党体制を礼賛するわけですから、ある種の意図を感じずにはいられません。

テンセントのトップ、ポニー・マーも同じ。

「共産党による指導体制には安心感を覚えている。民主主義、自由主義というが、我々中国人には必要ない」

と、耳を疑う発言をしている。マーは中国共産党の前身である紅軍の聖地と言われる井崗山《せいこうざん》を訪れ、紅軍の軍服まで着用し、革命の伝統を受け継ぐとまで宣言しました。

結局、習近平政治が潰れても、中国が民主主義国家になることは、まずあり得ません。

これが、中国が抱える問題の一つです。毛沢東になりたいのは、何も習近平だけではありません。たとえ習近平が失敗しても、いずれまた毛沢東になりたい指導者が出てきます。

そしてそんな独裁者は、秦の始皇帝になりたくて仕方がない。典型的に秦の始皇帝を真似たのが毛沢東です。秦の始皇帝は知識人を生き埋めにし、本を焼いた。いわゆる「焚書坑儒《ふんしょこうじゅ》」です。毛沢東もまったく同じことをしました。「反右派闘争」や「文化大革命」と称して、膨大な数の知識人を粛清し、文化を破壊したのです。

政治的近代化も完全に失敗に終わっています。1912年、清王朝の皇帝が退位し、中華民国ができましたが、それから1949年までの歴史は、毛沢東という新しい皇帝が誕生するための準備期間でしかなかった。

そして毛沢東の死後、鄧小平《とうしょうへい》が皇帝政治を終わらせるための改革を行いますが、これも習近平という新しい皇帝が登場するまでの準備期間でしかなかった。

今後も中国はずっとこの繰り返しです。新しい皇帝が生まれ、独裁政治を行い、その皇帝が潰れて混乱し、しばらくしたら、また新しい皇帝が生まれる。

そういう意味では、ロシアと同じです。スターリンの独裁政治が終わると、ソ連からスターリンのような強力な独裁者がだんだんいなくなり、ゴルバチョフになってソ連は崩壊してしまった。そして、しばらく混乱が続いたのち、プーチンという新しい独裁者が出てきた。

皇帝独裁政治から絶対に抜け出せない――中国を理解するには、絶対に欠かせない事実です。

中国の悲劇――「歴史は繰り返す」

そうはいっても中国は常に独裁者の気まぐれで、多くの人々が命を落としてきました。今もそれは変わりません。

習近平政権は2022年12月までの約3年間、「ゼロコロナ政策」を強行しました。上海のような2000万人もいる大都市でも、少人数のコロナ感染者が出たら完全封鎖した。多くの人々は自由を奪われ、経済活動が一切停止し、生活の基盤が失われてしまったのです。

ゼロコロナなんて絵空事の話であり、不可能。だから世界各国は「ウィズ・コロナ」の道を選んだのです。

ところが、習近平は頑《かたく》なにゼロコロナ政策を固持した。なぜ、ここまでこだわったのか。それは、すべて習近平のメンツのため。「ゼロコロナ政策」は習近平政権の看板政策です。たとえ、人々が塗炭《とたん》の苦しみに遭おうとも、己のメンツを守るためだったらなりふり構わない。

習近平体制の極端な政策に業《ごう》を煮やした人々は、ついに立ち上がり、習近平政策に異を唱える「白紙革命」が勃発《ぼっぱつ》、「習近平よ、退陣せよ」というスローガンまで、公然と叫ばれるようになったのです。

そのような国内の状況に不安を感じたのか、2022年12月7日、ゼロコロナ政策を突然、撤回し、全面解放しました。そこまで大転換するのなら、事前の準備が必要です。感染拡大は当然予想されましたから、医療体制の充実や医薬品の準備は不可欠。しかし、なんの対策も講じなかった。しかも季節も最悪。感染が拡大しやすい時期をわざと選んだのではないかと思うほどです。

一番迷惑をこうむるのは国民です。コロナに感染してもまともな治療を受けられないため、死者が続出し、火葬場がフル回転しても追いつかないほどでした。

習近平の狙いは何だったのか。２０２３年3月の全人代で、習近平一派の李強《りきょう》が首相になり、新内閣が誕生しましたが。それまでに中国全国民を感染させ、集団免疫力を獲得し、コロナの終息を目指す。その狙いに転換したのです。

その過程でどれほどの国民が死のうが、習近平政権にとって関係のない話です。毛沢東も同じです。大躍進、文化大革命でどれほどの国民が死のうが、毛沢東にとって関心事ではなかった。

中国の悲劇がここにあります。民衆も自分たちを苦しめる「愚帝」であれば、公然と批判し、異を唱えます。ところが、「賢帝」だとしたら、手放しで称賛し、ひれ伏してしまうのです。

「中華民族の復興」の真意とは何か

習近平が目指している第二の目標は「中華民族の復興」。習近平が掲げる「中華民族の偉大なる復興」とは何か。近代になって失われた往時の中華帝国の栄光と覇権を取り戻し、中国が再び世界の頂点に立ち、周辺国と民族をその支配下に置くこと。要するに中華思想に基づく覇権主義の復興です。

「中華思想」こそ、中国、習近平を理解するためのもう一つの視点です。

中華思想とは、中国の王朝と皇帝をこの世界の唯一の支配者とし、中国の文明はこの世界で唯一の文明だと自任する一方、周辺の民族はみな野蛮人だから、中国の王朝と皇帝に服従し、中国文明の「教化」を受けなければならない、という考えです。

したがって、中華思想は皇帝の独裁政治と表裏一体の関係にあります。

中国にはそもそも「国」という概念がありませんでした。

「中国」と称する国になったのは、近代になってから。それまで「中国」という名称はなく、中国の皇帝、中国の王朝が全世界の主《あるじ》であるという世界観ですから、他国も自国もなかったわけです。

しかし、残念ながら、皇帝が支配する中華世界にいまだに入っていない野蛮な民族もいた。「残念」というのは、「入っていない民族にとって残念」という意味です。中国では古来、周辺の諸民族を「夷蛮戎狄《いばんじゅうてき》」と差別的蔑称《べっしょう》で呼び、獣同然の野蛮人とみなしていました。夷・蛮・戎・狄は、どれも語源をたどると虫や獣を指す言葉です。

このように皇帝に従属しない周辺民族を「非文明」と徹底的に差別し、中国の「独尊」を唱える中華思想から生まれてくるのは、覇権主義的征服・侵略行為です。周辺の国々は野蛮民族である以上、中華帝国が彼らを支配し、「教化」していくのは、むしろ当然のこと。

周辺民族を自らの支配下に置き、彼らからの「臣服《しんぷく》」を受けることは、中国の皇帝が皇帝であることの証明であり、「天」から選ばれた「真命天子」であることの印とされたのです。

だからこそ、皇帝政治が本格的に確立した前漢以来、周辺民族に対する征服や侵略が中国王朝の伝統的政策の一つとなり、歴代王朝は成立後に国内の統治基盤を固めてから、必ずといってよいほど周辺民族に対する征服・侵略行為をするようになりました。

そして、周辺民族の征服と支配に成功した皇帝こそが偉大なる皇帝として、歴史に名を残すことができたのです。

習近平こそ周辺国の災いのもと

習近平は毛沢東と並ぶ偉大な〝皇帝〟になろうとしています。そして中国の皇帝政治の常として、偉大な皇帝は対外征服を行い、周辺地域と民族を支配下に置かなければなりません。

そこで習近平は毛沢東が征服した新疆《しんきょう》地域とチベットで少数民族の弾圧を強め

たのです。

この問題は胡錦濤《こきんとう》政権時代にはすでに西側諸国から批判されていましたが、習近平政権になって弾圧は苛烈《かれつ》さを増します。特に新疆ウイグル自治区でのウイグル人弾圧はすさまじく、トランプ政権のマイク・ポンペオ国務長官（当時）は2021年1月、中国政府がウイグル人などのイスラム系少数民族に対し「ジェノサイド（大量虐殺）を行っている」と認定したほどです。

また、南シナ海、東シナ海での覇権主義をむき出しにした行動もエスカレートしました。南シナ海の軍事拠点化を推し進める一方、東シナ海では尖閣諸島周辺の日本の領海を恣意的に侵犯しています。中国公船がこれほど頻繁に尖閣周辺の領海に侵入するようになったのは、習近平政権発足以後です。

そして台湾合併を国家目標に掲げ、台湾侵略の準備を着々と進める一方、台湾周辺で軍事演習を繰り返し、露骨に台湾政府を恫喝《どうかつ》したのです。

まさに毛沢東時代の侵略的覇権主義を受け継ぎ、さらに大規模でそれを展開している。毛沢東に並ぶ偉大な皇帝になろうとする習近平こそ、日本を含めた周辺国家にとっての災いのもとであり、インド太平洋地域の平和と秩序を脅《おびや》かす最大の脅威となっています。

それに対する西側の対中包囲網ができ上がったところで、プーチンによるウクライナ侵攻が始まりました。西側との対立を深めるロシアと中国が手を組み、悪の枢軸としてさらなる災いを世界、そして日本にもたらす恐れもあります。

中国国内に目を転じると、習近平は皇帝のごとき個人独裁を強めており、２０１８年には憲法までを改正し「国家主席は２期10年」という憲法による任期制限を撤廃させた。そして先述のように、２０２２年10月、第20回党大会で続投を決めましたが、習近平政権３期目が終わる27年秋までこそ、習近平政権が周辺世界にとって最も危険な時期になるのではないかと予想されます。

なぜなら、習近平がそれまでの２期10年間で「皇帝」としての独裁的地位を完全に確立したうえで３期目に突入したのだから、３期目こそ彼は歴史に名を遺す偉大な皇帝となるべく、「民族の偉大なる復興」の完遂《かんすい》に向かって動き出す可能性が高いからです。

「民族の偉大なる復興」の完遂とは、彼が言うところの「祖国統一の達成」、すなわち台湾併合。習近平政権の中国が武力による台湾併合に国力をすべて傾ける可能性は大でしょう。

中国が台湾海峡で戦争を発動すれば、日本周辺の平和は完全に破壊され、日本は否応なく戦争に巻き込まれることになる。習近平という独裁者が日本と日本周辺の安全と平和にとっていかに危険な存在であるか、よくわかります。

世界中に喧嘩を売る中国の戦狼外交

今や中国は世界を敵に回しています。

少し前の話になりますが、口火を切ったのは盧沙野《ろさや》駐仏大使でした。2023年、盧氏はフランスのテレビ番組で、「クリミアは歴史的にロシア領だった」「(旧ソ連諸国の)主権国家としての地位を定めた国際的な合意はない」などと発言。ウクライナやバルト三国の主権を否定しました。この発言は当事国だけでなく、EUの怒りも買ってしまった。ＥＵの外相にあたるジョセップ・ボレル・フォンテジェス外交安全保障上級代表は、対中政策の見直しを表明しました。

盧氏の発言は中国外交の否定です。中国政府はバルト三国をはじめ、旧ソ連諸国と国交を結んでいる。主権を認めていなければ、そもそも外交関係は築けません。盧氏は各国との国交を破壊しかねない〝外交事故〟を起こしてしまったのです。

米中対立が深まるなか、中国は西側諸国の分断に腐心しています。２０２３年４月初旬にはマクロン大統領を中国に招き、「欧州は台湾問題から距離を置くべきだ」「米国の政策に追随すべきではない」という発言を引き出した。経済利益の供与をエサに、マクロン大統領の籠絡《ろうらく》に成功。西側諸国の結束に楔《くさび》を打ったのです。

そんななか、盧氏の発言は習近平のフランス取り込み工作に水を差しました。さすがにマズイと思ったのか、外交部の報道官は盧氏の発言を否定して火消しに追われた。ところが、駐仏大使は釈明もしていなければ、何の処分も下されていません。そして２０２５年２月、彼は中国政府の欧州事務特別代表に昇進しました。

これほどの〝外交事故〟を起こしながら、盧氏はなぜ厳重な処分を受けずに、逆に昇進できたのか。その経歴から理由が浮かび上がります。

盧氏は外交部アフリカ局長、駐カナダ大使を経て、駐仏大使に就任しました。注目すべきは、2015年から16年まで中国共産党「中央外事工作指導小組（現中央外事工作委員会）」の政策研究局長を務めていること。この組織は中国の外交政策における司令塔。つまり、盧氏は習近平の外交ブレーンだったのです。習近平が何を考えているかは手を取るようにわかっている。

プーチン大統領はソ連解体を屈辱の歴史ととらえています。内心では旧ソ連諸国の独立を認めていません。平然とウクライナ侵略に踏み切った背景には、そんな歴史観があります。

習近平も中華帝国の朝貢国だった国々に対して、似たような感情を抱いている。どちらも祖国の過去の栄光を追い続けているから、習近平とプーチン大統領は意気投合しているのです。

習近平は自らの本音を代弁してくれた盧氏を「オレの立場では言えないことを、よくぞ言ってくれた！」と評価しているでしょう。だからこそ、本国から何のお咎《とが》めもない。うっかり口が滑って飛び出した失言ではなく、習近平の機嫌を取るために発した言葉なのです。

レッドラインを越えた呉江浩駐日大使の発言

習近平の手先ともいえる外交官が戦狼外交を繰り広げ、世界中にケンカを売る。その矛先は日本にも向けられました。

呉江浩《ごこうこう》駐日大使は2023年4月28日、3月の着任以来初の記者会見を行いました。呉氏は、台湾問題では「武力行使の放棄を約束することはしない」と明言したうえで、安倍晋三元総理が唱えた「台湾有事は日本有事」という見方は「荒唐無稽《こうとうむけい》で極めて有害」と指摘。日本が台湾問題を安全保障政策と結び付ければ、「日本の民衆が火の中に連れ込まれることになる」と言い放ちました。

中国政府、駐日中国大使が日本政府を批判することは多い。しかし、「日本の民衆が火の中に連れ込まれることになる」というのは日本国民への恫喝《どうかつ》にほかなりません。まるでヤクザの脅《おど》し方です。越えてはならない〝レッドライン〟を越えてしまいました。

呉氏は着任時、「ジャパンスクール出身の知日派」「冷え込んだ日中関係の改善を目指す」などと評されていました。今回の恫喝発言で明らかとなったのは、そもそも「知日派」「日中友好」など幻想にすぎないということ。各国に派遣された中国大使は相手国のことなど興味ありません。駐仏大使の一件でもわかる通り、外交官は習近平の顔色をうかがいながら、競い合うようにボスの機嫌取りに終始している。

日本政府の対応も生ぬるい。

林芳正外相（当時）は会見から2週間後、呉氏の発言を「極めて不適切」として、外交ルートを通じて抗議したことを明かしました。「外交ルートを通じて抗議」といっても、おそらく官僚が電話一本かけただけでしょう。「一応、抗議しておきました」というアリバイづくりにほかならない。

中国が戦狼外交を展開しているとはいえ、日本国民を恫喝するなど言語道断。国外追放しても問題ありません。最低でも大使を呼びつけて厳重注意すべきです。甘い対応で済ましても、中国が増長するだけ。

その証拠に、再び呉江浩駐日大使は、2024年5月20日、中国大使館で開いた座談会で、台湾の新総統の就任式に日本の超党派の国会議員が出席したことをめぐり「台湾独立勢力に公然と加担するものだ」と痛烈に批判。さらに台湾情勢をめぐり、日本が台湾の独立に加担すれば「日本の民衆が火の中に連れ込まれることになる」と恫喝したのです。

外務省は、岡野事務次官が大使に「極めて不適切だ」と直接抗議しましたが、当時の外務大臣、上川陽子氏は特に抗議することなく終わりました。

日本が見習うべきはカナダです。

カナダ政府は2023年5月8日、中国の外交官を「ペルソナ・ノン・グラータ」（好ましからざる人物）に指定して国外退去を命じました。

現地メディアは中国の卑劣な手口を報じています。標的になったのは、中国からの移民を父に持つ保守党のマイケル・チョン議員。チョン氏は2021年、カナダ下院が可決したウイグル人権弾圧への非難動議を提案した人物です。その後、中国当局は香港に住むチョン氏の親族の情報を収集し、チョン氏に圧力をかけようとした。追放された外交官は、この件にかかわったとされています。

カナダのメラニー・ジョリー外相は次のような声明を発表しました。

「外国からの内政干渉はいかなる形でも容認できない。外交官がこのようなふるまいをすれば、自国に送還されることになる」

中国は対抗措置として、上海にあるカナダ総領事館の外交官を国外退去させると明らかにしました。

ジャスティン・トルドー首相も以下のように述べ、戦う姿勢を示している。

「報復があることは理解しているが、われわれは恐れることなく、カナダ国民を外国の干渉から守るために必要なことをすべて行い続ける」

中国の外交官たちは、今後も戦狼外交を繰り広げるでしょう。そのとき、日本政府はカナダのような対応をとれるか。さもなくば、弱腰の日本は西側諸国に見捨てられてしまいます。

5章

私の懸念

——大量に押し寄せる中国人
このままでは日本が呑み込まれる

日本中が外国人で溢れ返っている

京都・奈良をはじめ、日本の各地が外国人でごった返しており、オーバーツーリズムが問題視されています。

ところが、米国のバイデン前大統領が「米国経済が成長を続けるのはなぜか。理由はわれわれが移民を歓迎するからだ。なぜ中国は経済的に行き詰まっているのか。なぜ日本は困難な状況なのか。ロシア、インドはなぜか。理由は彼らが外国人嫌いで、移民を望まないからだ」と発言し、物議を醸《かも》したことがありました。

中国人や韓国人で溢れる京都や奈良を見たら、むしろ日本人は外国人に対して寛容だと思うのではないでしょうか。

特に日本での外国人居住者の多くが中国人です。在日外国人385万8956人（2024年6月末現在）のうち、84万4187人にのぼると言われています。潜在的な数字を合わせると、もっといるでしょう。中国人による日本の土地やマンション、一戸建て、さらには企業の買収も活発です。しかも安全保障上、重要な土地も中国人に買われており、日本政府の対応は後手に回っています。

外国人が増えれば、当然、治安悪化も懸念されます。実際に高価な農産物を盗む外国人犯罪者が増加しており、被害総額は数千億円にものぼる。世界でも誇るべき日本の治安の良さが移民・難民によって破壊されないとも限りません。

かつての日本では1970年代まで家にカギをかける習慣がなかったそうです。

一方で、中国は日本とまったく違います。家のカギを開けっぱなしにしようものなら、すぐに盗賊がやってくる。司馬遷《しばせん》の『史記』をはじめ中国のさまざまな歴史書には、ある一つの決まり文句が必ず登場します。それは「路不拾遺　夜不閉戸」（道路に金が落ちても誰も拾わない。夜、家の戸締りをしなくても安心して寝られる）。中国人にとっての理想社会を表しています。現実的に中国社会で実現した試しはありませんが。

しかし、中国人の夢見る理想郷を実現していたのが、日本でした。

私自身、日本で財布を4回落としたことがありますが、すべて戻ってきました。

お金も一銭も取られていない。スリに対しても日本人は無防備です。スリがそれだけ少ないからです。ところが、欧州の旅行ツアーに行くと、添乗員が繰り返し「スリには気をつけてください」と注意喚起する。イタリアはスリだらけですから。そういう意味でも、誰もが安心して暮らせる日本の良さを守るべきです。

とにかく労働力のために一時的な形でも移民をひとたび受け入れたら、永遠に禍根を残してしまいます。

実際に行き過ぎた移民・難民政策は危険です。日本で培《つちか》われてきた文化・伝統が破壊される。日本列島は海に囲まれており、土地も狭い。かつて鳩山由紀夫氏は「日本列島は日本人だけの所有物じゃない」と発言しましたが、これほど愚かな発言はありません。

欧米では難民・移民問題で大変なリスクとコストをかけたことで、揺り戻しが起っています。ただ、遅すぎた面も否めません。パリでは移民を中心とした暴動も発生しており、古きよき欧州は失われてしまった。日本は今こそ欧米の教訓をしっかり学び、安易な移民政策は厳に慎むべきです。

中国は周辺国を人間と見なしていない

バイデン前大統領は「中国も外国人嫌い」と言いましたが、それは中国の伝統と言っても過言ではありません。中国は「中華思想」が絶対です。要するに中国は世界の文明の中心であるという考え方で、日本をはじめモンゴルや朝鮮、ベトナムなどは「四夷八蛮《しいはちばん》」の世界です。要するに人間とは見ていない。

近代以前は中国では外国人を受け入れることはまったくありませんでした。清《しん》の乾隆帝《けんりゅうてい》の時代、清朝との交易を求めて英国からマカートニー使節団がやってきた。ところが、清朝側は中華思想が強く、皇帝への最敬礼である三跪九叩頭《さんききゅうこうとう》の礼（一度跪《ひざまず》いて、3回頭をたれるという動作を3回繰り返すこと）を要求。当然、プライドの高い英国人であるマカートニーはそんな要求をハネつけました。

清朝側は激怒しましたが、最終的に謁見を許しました。その理由が「英国人は人間に進化していないから膝を曲げられない。だから、三跪九叩頭の礼ができない。

仕方がないから許す」というもの。ただし、謁見後はまともな交渉はできず、自由貿易も認められず、マカートニーは手ぶらで帰国せざるを得ませんでした。

清朝の中華思想が崩壊したのが、アヘン戦争・アロー戦争以降です。西洋列強に清朝は実力で敗北し、鎖国政策を撤回せざるを得なくなりました。西太后の時代には洋務運動が発生し、李鴻章《りこうしょう》など一部の官僚を中心に西洋の軍事技術を積極的に導入するようになったのです。

それが北洋艦隊につながりましたが、軍艦は英国とドイツから最新鋭のものを購入しました。優秀な青年は英国の海軍大学に留学、帰国後、北洋艦隊の艦長に就任したのです。東洋一と謳《うた》われた北洋艦隊でしたが、日清戦争で日本に完膚《かんぷ》なきまでに叩きのめされてしまった。

中華思想からすれば、日本は野蛮かつ小国で取るに足りないところだと見ていました。ところが、そんな日本に清朝は大敗北を喫し、中華思想は完全に崩壊した。そこで清朝は方針転換し、西洋よりも日本を見習えと、大量の留学生を日本に送り込むようになったのです。

ところが、習近平になり、いま再び清朝時代の版図《はんと》は我々のものだと、再び中華思想が復活したのです。習近平は「中華民族の偉大な復興」というスローガンを掲げましたが、中華思想の夢よ、もう一度というわけです。

世界中に散らばる「黄禍」

一方、中国は外国人嫌いですが、中国人は世界中に散らばっています。というのも、漢民族は移民・難民の伝統があるからです。秦の始皇帝以来、多くの漢民族（民衆）が搾取《さくしゅ》・迫害を受けました。まるで国全体が監獄のような状況だった。

王朝が交代したら戦乱の世になり、さらに民衆は略奪・虐殺など悲惨な目に遭います。そうなると、民衆はどうするか。孫子《そんし》の兵法に「三十六計逃げるに如《し》かず」という言葉がありますが、政治闘争に敗北したり、悪政に耐えられない漢民族は中原地域とは別の地域に逃れました。具体的には揚子江以降の南部地域が未開発でしたから、逃げるにはうってつけの場所だった。孫文や蔣介石《しょうかいせき》、鄧小平《とうしょうへい》はみな、そのように逃れた漢民族の末裔《まつえい》です。いわゆる「客家《はっか》」です。

中には海南島まで逃れる人々もいた。そこもいられないとなれば、次はどこに行くか。中国には「南洋に下る」という言葉があります。マレーシア、シンガポール、インドネシアなどに南シナ海を渡って逃れる。

フィリピンの元大統領で暗殺されたベニグノ・アキノ・ジュニアの夫人で、大統領にまでなったコラソン・アキノのルーツは福建省の客家です。インドネシアやベトナムにも富裕層に華人が多いのですが、政治の中枢には入らせないようにしています。大量の漢民族の難民に手を焼いた東南アジアの国々は、彼らのことを「黄《おう》禍《か》」と表現するほどだった。

では、日本にどれほどの漢民族が逃れてきたのか。当時の漢民族の航海術はそれほど発達しておらず、東シナ海を渡って逃れることができなかった。そのため、日本にはそれほど漢民族が流れ着いてはいません。

それでも朝鮮半島と日本は近いですから、そこから渡ることもできたのですが、朝鮮半島には独自の王朝があり、長白《ちょうはく》山脈という険しい場所もありましたから、漢民族もそうやすやすと入ることはできない。権勢を誇った隋《ずい》の煬帝《ようだい》は3回、高句麗遠征を行いましたが、3回とも失敗に帰しています。

ただし、近代になると航海術の発展で、飛躍的に漢民族移民の数が増えます。中南米大陸や欧州、そしてアフリカにまで至っています。

国家そのものが処刑場と化す

毛沢東の時代も大量の難民・移民を出しました。

というのも、1949年に共産党政権による国家（中華人民共和国）が誕生しましたが、まさに中国全土が処刑場と化したからです。1950年半ばから1年かけて、71万人を公開処刑しました。この数字は中国共産党の公式記録として残っています。

処刑の名目は、反革命分子鎮圧のため。また国民党にかかわったとされる数百万人の人々を強制労働施設に送り込み、人権・自由を奪い、奴隷として強制労働に従事させた。さらに数十万人の知識人を公職から追放、強制労働施設に送り込むこともしました。当時の中国の総人口は約5億5000万人。相当の数が消えてしまったことになる。

そして、中国共産党による弾圧の集大成が文化大革命。約2000万人もの人々が自由を奪われ、殺害された。当時は紅衛兵《こうえいへい》の腕章をつけさえすれば人を殺す権利を与えられました。当時の社会状況がいかに異常だったかを如実に表しています。古い寺院や遺跡までも徹底的に破壊し、「大串連《だいかんれん》」という言葉も流行した。学生が全国各地で革命・経験交流を行うという意味です。

その当時、「大串連」は、全国の紅衛兵が北京に集まり、毛沢東の激励を受け、それから全国各地に散らばり、殺人運動を開始する合言葉のようなものでもあった。とにかく10年間、中国全土がまるで刑務所・処刑場のようでした。

もちろん、中には逃げ出す人々もいました。香港が唯一の逃げ場所であり、英国領統治でしたから治外法権で、深圳《しんせん》から香港まで自力で海を泳いで逃げました。現在の香港人の多くは文化大革命から逃れた人々なのです。香港で民主化運動が盛んなのは、その影響も大きい。

ソ連のスターリンも多くの人々を粛清しましたが、毛沢東のほうがスターリンよりも狡猾《こうかつ》ではないでしょうか。スターリンはKGBなどを利用して政敵を粛清しましたが、毛沢東は中国人同士で殺し合うように仕向けた。実に悪魔的です。楊海英《ようかいえい》氏（静岡大学教授）は文革時代の内モンゴルの惨状を『墓標なき草原』（岩波書店）に詳述しました。清水ともみさんが漫画化し、ワックから出版されましたが、モンゴル人同士で殺し合うように仕向けたさまがよくわかります。

鄧小平時代になり改革開放路線にシフトすると、中国人はやっと海外に出られるようになり、多くの中国人が海外に逃げ出しました。毛沢東時代があまりに悲惨な記憶だったため、中国国内にとどまることができなかったのです。

１９４９年に共産党政権ができた当時、多くの知識人や富裕層が海外に逃げ出した。そして海外で穏やかな人生を送ることはできました。国内に残った知識人たちは、みなどうなったのでしょうか。実にひどい目にあったのです。文革が終わると、殺された知識人の子供たちは、海外から戻ってきた親の友人を頼りに海外に逃げ出しました。

世界の果てにも中国人が

宮崎正弘氏によると、香港がまだ自由だったころ、世論調査で「来世も中国人になりたいですか」と聞くと、「来世は豚になっても中国人には生まれたくない」と答える人々が数多くいたとのことです。

中国のある仏教の寺院では、一定の金額を払うと来世を保証しています。さらに高額を出すと、来世は米国人にするという。富裕層のみならず貧しい人々も大金を払って、来世は米国人になることを願うのです。

北京では行列ができる場所が2カ所あります。一つが毛主席紀念堂。毛沢東を妄信している人々が集まります。もう一つが米大使館。米国の査証（ビザ）をもらうために行列が連日できます。並んでいる人々を見ると、みな、知識人ばかり。中国では「愚民は毛主席紀念堂に行き、エリートは米大使館に行く」とも言われています。

ただ米国のビザをもらおうと思っても、全員が許可されるわけではありません。でも、どうにかしてでも米国に行きたい。では、どうするかといえば、中南米の国々に向かう。

中国人の米国移住への情熱はすさまじいものがあります。灼熱の土地を徒歩で移動しても、まったく構わない。彼らの情熱に接すると、いかに中国がひどい国であるかがよくわかります。しかし、米国のトランプ政権は不法移民対策の強化を進めています。そうやすやすとは米国に行くことはできない。

とにかく、中国人はたとえ世界の果てでも、しぶとく生きます。中国人の胃袋は日本人に比べて3倍以上頑丈にできている。中国には有毒食品がたくさんありますから、胃袋が頑丈でないとすぐに死んでしまうからです。中華料理にしても場所と素材を選びません。砂漠だろうが、密林だろうが、中華鍋一つでどんな材料でも料理してしまう。

移民・難民とは別に、中国の国家的脅威もあります。一つは軍事的脅威、もう一つが難民です。天安門事件が収束した後、鄧小平は米高官と会談で「世界中の人々はわれわれ中国共産党政権が崩壊することを望んでいる。でも、崩壊したら米国に数千万人の難民が行くだろう。それでもいいのか」と話しました。要するに脅《おど》しですが、現実的にそういう問題を孕《はら》んでいます。

では、今後、日本に大量の中国人難民が来る可能性はあるのか。

先述したように、かつては航海術が発達していませんでしたから、東シナ海を渡り日本に逃げることはできませんでした。しかし、現在は普通の漁船でも簡単に渡ることができます。

そういう意味でも、私自身、中国共産党政権を矛盾した気持ちで見ています。天安門事件のときは中国の民主化を求めた一人であり、一日でも早く中国共産党政権が崩壊することを願っています。さらに一人の日本人として核を保有している中国共産党政権の軍事力は脅威です。

しかし、その一方で、中国国内が戦乱になり、中国共産党政権が崩壊、大量の難民が日本に押し寄せてきたら日本は一体どうなるのか。そのことを想像すると戦慄《せんりつ》が走ります。

日本はどのような覚悟で臨むべきか、事前準備をしっかりしなければなりません。

突然の琉球発言こそ習近平の本心だ

中国による日本侵略の魔手も迫っています。それまでは「静かなる侵略」でしたが、今や明白です。

「琉球（沖縄）と中国との往来の歴史は深く、閩人《びんじん》（久米）36姓の人々が琉球に移り住んだ歴史がある」

習近平は2023年6月1日、歴史資料館「中国国家版本館」を視察した際、突然、琉球の歴史に言及し、その内容が「人民日報」（2023年6月4日付）で報じられました。まさに異例の発言です。ちなみに「閩人（久米）36姓」とは、1300年代に〝閩〟と呼ばれた今の福建省から琉球に渡った人々のことです。久米36姓のほうが日本では一般的ではないでしょうか。

「中国国家版本館」では中国が国家として過去の書籍、文献を収集し、展示しており、習近平は「私が自ら承認したプロジェクトである」と語ったうえで、琉球史を示す版本の前で足を止め、先の話をしました。当時、中国から多くの人々が琉球に移り住んだと語ったのですが、要するに、琉球は中国から当時の高度な文化を摂取し、今、その末裔が沖縄にたくさんいるだろうと示唆したわけです。

また、明《みん》朝が琉球王国に派遣した冊封《さくほう》正使、陳侃《ちんかん》が1534年にまとめた記録『使琉球録』を担当者から紹介された際、習近平は以前、福建省の省都、福州市のトップを務めた経験を話し、そのときに福州市には「琉球館、琉球墓地」があることも知ったとのことです。

「琉球館」とは、福州に置かれていた琉球王国の出先機関で、「琉球墓地」とは、福州で客死した琉球の人々を葬った墓地です。

担当者は『使琉球録』について「釣魚島《ちょうぎょとう》（＝沖縄県・尖閣諸島の中国語名）が中国に属していたことを示す最古の文書」と説明すると、習近平は、

「典籍や書籍の収集と照合作業を進めることは、中国文明の継承と発展にとって重要だ」

とも強調しました。尖閣諸島についての野心も隠していません。

視察の翌日、習近平は北京で文化伝承発展座談会に出席しましたが、そこで重要な談話を発表しました。その内容こそ習近平の本音とも言えます。

習氏がこの講話で語った目新しいポイントの一つは、「中華文化の統一性」をことさらに強調した点です。この「文化的統一性」によって「中華民族各民族」が文化的に一体化しており、国家の統一もこれによって保たれているというのです。

習近平の一連の発言を受け、中国のメディアは大々的に報じました。深圳の衛星放送も特別番組を編成し、「琉球発言」を再度報じた。沖縄、そして尖閣諸島は「中華民族現代文明圏」の一部であることを、内外に喧伝《けんでん》したも同然です。

法律戦と心理戦を展開し日本を翻弄

習近平の「琉球発言」に隠された意図の一つは、日本側に揺さぶりをかけること。

中国は日本に揺さぶりをかける際、超限戦として「法律戦」と「心理戦」を仕掛けてきます。

習近平政権が成立した2013年、「人民日報」は「歴史的に未解決の琉球（沖縄）問題を再び議論できる時が来た」と主張する論文を掲載しました（5月8日付）。

執筆したのは、中国政府のシンクタンク、社会科学院の研究者ですが、彼らは「琉球王国は明清両朝の時期、中国の属国だった」とし、日本が武力などで併合したと強調。太平洋戦争の対日方針が盛り込まれたカイロ宣言（1943年）やポツダム宣言（1945年）の時点で、琉球（沖縄）がどこの国に帰属しているか、何も言及されていないと指摘しています。

つまり、国際法上でも沖縄の帰属が日本であると承認されていない、むしろ、日本が強奪したのだと難クセをつけている。

「人民日報」掲載のこの論文は明らかに、成立したばかりの習政権が日本に仕掛けてきた「法律戦」でしたが、先述の「琉球発言」と「文化的統一性講話」はまさに、習主席自身が日本に「心理戦」を仕掛けてきたと言えます。

つまり習近平がここで、「中華文化の統一性」の文脈で〝琉球（沖縄）〟に言及したことで、沖縄の人々に、歴史を振り返れば、沖縄は中華文化圏の一部だった、だから、中国に近づくべきだ、という意識を植えつけようとしているのです。そして、文化的帰属意識を日本から切り離し、中華文明に引き寄せようとする。そのような意図を習近平の琉球発言から読み取ることができるのではないでしょうか。

実際に、中国側は〝沖縄戦略〟を重視しており、三段階による占領作戦を考えています。

第一段階が米軍を沖縄から追い出すこと。沖縄反基地運動もその一環です。第二段階が、沖縄の独立。そして、最後に中国に帰属させること。

沖縄が中国の手に落ちたら台湾問題も一気に解決する。軍事的に併合するには沖縄にいる米軍の存在が大きな障害ですから、親中派の知事などを利用し、米軍を沖縄から追い出すよう工作する。その上で、沖縄・台湾を容易に手中に収めるという手はずです。無論、尖閣諸島もわけもなく領有することができます。

習近平の琉球発言には、ここまで恐ろしい戦略が隠されていることを見逃してはなりません。

玉城デニー知事の言動は朝貢外交にも等しい

そんなタイミングの最中、2023年7月、〝親中派の重鎮〟である河野洋平元衆議院議長が会長を務める日本国際貿易促進協会の代表団が訪中しました。習近平は代表団が訪中するタイミングであることも見越した上での「琉球発言」だったのでしょう。顧問として沖縄県の玉城デニー知事も参加しましたが、習近平の発言に対して、強い姿勢を示すべきだったのに、どうにも情けない限りです。

訪中前の県議会では、尖閣諸島（沖縄県石垣市）の領有権を中国が主張していることについて、玉城氏は「いろいろな対応があろうと思うが、発言しないことも一つの対応。即答しないことも検討したい」と答え、物議を醸《かも》しました。言外で尖閣諸島は中国が領有していると認めているも同然です。

さらに、訪中後も玉城氏は中国に阿《おもね》るような発言ばかりしました。李強《りきょう》首相と会談した際には、

「日本と中国の友好強化、アジアの繁栄と安定に貢献したい」と発言、尖閣諸島についてはひと言も言及しませんでした。会談後、玉城氏は記者団に対して、尖閣について「話が出なかったので、私からあえて言及することもなかった」と説明しましたが、中国サマの顔色ばかりうかがってどうするのか！

玉城氏は北京・通州にある「琉球国墓地」を参拝しています。この墓地は、1879年の「琉球処分（廃藩置県）」前後に中国に亡命した琉球出身者たち14人が眠る埋葬地だとのこと。

この墓地に埋葬されたとされる人々について、地元紙などは「琉球救国運動を行った人々」と報じましたが、これは当時、琉球王国の存続を危ぶみ、秘密裏に清国に脱出、時の政府に「琉球救援」のための外交圧力などの措置を求めた「脱清人《だっしんにん》」のことを指すようです。

玉城氏は、同墓地で沖縄独自の風習、死後の世界で使う黄色い紙を供えるなどし、手を合わせました。参拝後、報道陣に「つないでもらった中国と沖縄の絆をしっかり結んでいき、平和で豊かな時代をつくるため努力する」と語ったのですが、「脱清人」とは要するに裏切り者のことでしょう。玉城氏は沖縄が日本であることに反対していると見られても仕方がない。

また、2023年6月3日付の『環球時報』のインタビューで、玉城氏は台湾情勢について「日米両国の政府は平和外交と対話を通じて緊張を緩和させるべきだ」と強調。さらに、南西諸島の防衛力を強化する日本の安全保障政策について、「必要最小限の自衛力を保持する必要があることは沖縄県も理解している」としつつ、「軍事力増強で抑止力を強めようとするやり方は地域の緊張を激化させ、予測不可能な事態を引き起こしかねない」と言っています。

また、在日米軍基地について「米軍基地が集中しているとの理由で、沖縄が容易に攻撃目標となることはあってはならない」とまで言及している。

一体どこの国の知事なのか。台湾情勢が緊迫化しているのは、習近平が台湾併合の野心を剝《む》き出しにし、「武力行使の放棄を約束しない」と公言して憚《はばか》らないからです。台湾海峡の安定と平和は、日本にとって死活問題です。玉城氏が訪中しているウラでは日台の関係強化を図るため、前原誠司氏（日本維新の会）などの野党議員が台湾を訪問したり、台湾立法院長が与那国島《よなぐに》を訪問したりしましたが、当然の動きです。

そういう動きに対して、河野氏や玉城氏らの中国訪問、そして一連の発言内容は実に対照的です。朝貢外交にも等しいのではありませんか。

玉城氏は、2019年、中国が主導する経済圏構想「一帯一路」に関し「沖縄が日本のアジアへの玄関口として、一帯一路にかかわっていけるか模索する」と発言しています。

また、同年、河野氏とともに訪中した際、当時副首相の胡春華《こしゅんか》に「沖縄を一帯一路に関する日本の出入り口として活用してほしい」と要請、胡春華は「賛同する」と即答しています。

玉城氏の親中ぶりは、もはや呆れるほかありません。

最近では、中国とロシアの爆撃機や戦闘機が、沖縄本島周辺などで威嚇的に共同飛行をしていますが、このままでは沖縄が中国に呑み込まれるのも、そう遠い未来の話ではなくなってしまいます。

悪化の一途をたどる中国経済

対外的に牙を剝く中国ですが、実は国内経済は悪化の一途をたどっています。2023年6月、習近平はニュージーランドのクリス・ヒプキンス首相と会談しましたが、習近平は両国がともに「相手方企業に、より良いビジネス環境を提供しなければならない」と訴えました。そのように訴えなければならないほど、外資系企業の中国離れが加速しています。国際資本やサプライチェーンが中国からどんどん流出している。

その要因として考えられるのが、ゼロコロナ政策で、チャイナリスクが一般に周知されたこと。もう一つは、2023年7月1日に施行された改正「反スパイ法」などによって、外国人が中国国内にいるだけで、簡単に拘束できる状況が生み出されたこと。

そんな中国に踏みとどまるほうがバカ。外国資本がどんどん逃げ出すのは当然でしょう。米国は中国に行くべきではないと警告を発しています。一方、日本は何ら警告もしていないので、どうしようもありませんが……。

実際に経済悪化の実態が明るみに出ています。

中国当局の発表によれば２０２３年5月の時点で、16歳～24歳の失業率が20％超（全体の失業率は５・２％）とのこと。さらに、２０２４年12月の時点では、当局の発表したこの数字が下がったものの、依然として15％近くあります。もちろん実際の数字はそれよりさらに高いはず。

中国国内の識者ですら、当局の数字を懐疑的に見ています。その理由は、中国国家統計局の失業の基準が「週に1時間仕事をすれば失業とは見なさない」としているから。

こんな基準、どこの国にありますか。また、都市部で職を失い、帰郷した出稼ぎ労働者が統計に入っていないことも数字に対する疑念を高めています。

しかし、その基準で計算しても若年層は15％近くの失業率ですから、いかに中国経済が悪化しているかがわかります。実質的には40％近くあるのではないか。全体でも10%を超える勢いかもしれません。経済状況が悪化すれば、国民の不満が高まるのは必然です。いつ、どこで大暴動が発生してもおかしくない。

国際金融資本は中国経済にいまだに期待をしているのか、中国・天津市で「夏季ダボス会議」を開きました。李強首相が登壇し、「中国に投資してほしい」と呼びかけましたが、効果のほどはいかがなものか。

なぜなら、国外投資家が逃げ出すような矛盾した政策ばかりを実行しているからです。

脱西欧を目論む習近平の野望

習近平が内憂外患の状況を一気に解決するには、台湾侵攻以外にあり得ないと考えてもおかしくありません。戦時体制になれば、国内統制もしやすいですから。

3期目の終わりとなる2027年秋までに、台湾併合問題に決着をつけたいのが習近平の本音。決着とまで行かなくても、一歩でも二歩でも前進させたい。

実際に台湾侵攻に踏み切るのに、今の状況はタイミング的に悪くありません。ウクライナ戦争が終結しておらず、欧米は全面的に中国にエネルギーを注ぐことができません。習近平は70歳という年齢を迎え、2027年には74歳です。年齢的にも今が限界と言えます。

習近平政権は、習近平のイエスマンばかりで固められています。2022年秋の党大会以前の最高指導部は、李克強など習近平と考えを異にする人物もいましたが、党大会以降、他派閥の幹部が一掃され、最高指導部は習近平派ばかりになった。その後、李克強は2023年10月、死去しました。

つまり、習近平が台湾侵攻を決断したら、ブレーキをかけられる人物が誰もいないのです。しかも、下の者たちはトップが喜ぶ情報しか伝達しません。

共産党体制は最高指導部が意思統一されたら、それに従わざるを得ません。今の体制は習近平の意向が最高指導部の意向になっています。ウクライナ侵攻を決断したプーチンのように誤った判断を下す可能性は十分に考えられます。

そういう意味で、中国共産党が政権を握って70年以上が経った今こそ、中国は対外的に非常に危険な状況にあります。1950年代は朝鮮戦争参戦やチベット侵攻など、多くの争いがありました。

ところが、当時の人民解放軍にはそれほどの軍事力はなく、むしろ、文化大革命などで国内的な政治闘争に明け暮れ、対外的にはそれほど脅威ではなかった。鄧小平時代でも常に冷静に対処し、韜光養晦《とうこうようかい》（才能を隠して、内に力を蓄える）戦略で、強《したた》かな外交を展開しました。ところが、今は毛沢東時代とは比べものにならないほど軍事力が強大化し、全面的な覇権主義を展開しています。

2023年3月、習近平は訪露した際、プーチンと晩餐を果たしました。会場から外に現れたとき、プーチンが習近平を玄関口まで送ったのですが、習近平は去り際にプーチンに向かって「我々は今、100年間見られなかった変化を目の当たりにし、動かしているのだ」と言いました。プーチンも「その通りだ」と同意しています。

つまり、欧米の覇権主義の時代が終わり、中国の覇権主義の時代が始まったというわけです。もちろん、習近平の妄想に過ぎませんが、鄧小平のような冷静・冷徹な判断など、どこにもありません。妄想を現実化しようとして行動に移すことが何よりも懸念されます。

いや、それはすでに始まっています。世界各地に「秘密警察」を配置するなど、世界中から非難を浴びていますが、鄧小平の時代にはあり得ないやり方です。世界を敵に回す行為を平然とやってしまう。世界各地に孔子学院が存在しているのも、そうでしょう。欧米諸国では閉鎖が相次いでいますが、日本ではいまだに13大学に孔子学院が設置され、洗脳活動が続けられています。

戦狼外交も続けられています。中国外交トップの王毅《おうき》・共産党政治局員が、山東省青島で開かれた国際フォーラムで日中韓3カ国の交流イベントに出席した際の発言が物議を醸しました。米国の影響を排除し、日中韓の団結を促す意図から、欧米との違いをことさら強調。「欧米人は中日韓の区別が付かない」「われわれは自分たちのルーツがどこにあるのか知るべきだ」「頭を金髪に染めても鼻を高く（整形）しても、西洋人にはなれない」などと発言。

人種的な特徴に言及したことから、「差別だ」との批判が噴出しました。王毅の発言は、まさに、脱西欧を目論む習近平・中国の考えを代弁しているに等しい。

さらに王毅は、北京で先の代表団の会長、河野洋平氏と会談した際、「『台湾有事は日本有事』と吹聴《ふいちょう》するのはでたらめで、危険なことだ」と批判、さらに「日本の各方面は高度に警戒すべきだ」と主張しました。お得意のやり方ですが、そんな声に耳を傾けてはなりません。

とにかく、巨大な軍事力と核を保有している巨大な国家がトップの妄想で暴走状態にあるわけですから、北朝鮮なんかよりも実に恐ろしい存在です。

好戦的な戦狼外交とは裏腹に、中国国内では反戦・厭戦《えんせん》ムードが漂っています。2023年4月下旬に突如、ネット上に政府の対外政策を諫《いさ》める声が上がったのです。注目すべきは、「台湾海峡で戦端が開かれると中国は〝四面作戦〟を強いられかねない」なるタイトルの匿名文章がSNSで拡散されたこと。

台湾有事となれば、人民解放軍は台湾海峡で台湾軍と日米連合軍を相手に戦わなければならない。その一方、朝鮮半島では韓国が挑発的な行動に出る。中印国境ではインドが戦争を仕掛ける。南シナ海では、米国と豪州が連携して軍事行動を起こす――。そんなシナリオを想定したうえで、「わが国は不本意な〝四面作戦〟を強いられて非常に危険だ。台湾統一戦争には慎重を期すべきである」と結論づけている。

中国のネット上では「早く台湾を統一すべきだ」という強硬派の声が圧倒的に多かった。慎重論がネット上で拡散されるのは前代未聞です。

慎重論にとどまらず、反対論も浮上している。「武力統一と叫ぶ連中は、愚かか悪質かのどちらかだ」と題する文章が拡散されたのです。

台湾侵攻に踏み切れば、中国が国際的に孤立する。欧米の厳しい経済制裁は避けられない。戦争により台湾の「同胞」にも多大な人的被害を与え、彼らの祖国に対する憎しみを生み出す――。そういった理由で「武力による統一」に反対の立場を表明しています。戦争を煽《あお》る人々を批判する文章です。

中国版X「微博《ウェイボー》」でも、以下のような匿名投稿が大きな反響を呼びました。

「戦争が起きても私は行かない。子供も行かせない。私は社会底層の人間だが、平和なときは誰も私たちのことを構ってくれない。福利もなければ国家からの優遇もない。戦争になったときだけ私たちを思い出すのか。とにかく、私は戦争に行かない」

習近平独裁体制に異変の徴候が

習近平政権が台湾侵攻の準備を着々と進める一方、その動きに危機感を覚えた中国の良識派が沈黙を破って抵抗を始めています。これは台湾有事が目前に迫っている証拠であると同時に、国内世論は必ずしも一枚岩ではないことを示しています。

一つの疑問が浮かびます。習近平の独裁体制下では、厳しい言論統制が敷かれている。にもかかわらず、公然と習政権の方針を批判する文章が、なぜネット上に流《る》布《ふ》され、当局の検閲部門に削除されずに残っているのか。ヒントを与えてくれるのが米国の動きです。

2023年2月末、米下院の金融委員会で、台湾に関する3つの法案が圧倒的多数で可決されました。いずれも中国から台湾を守るための法律ですが、注目すべきは「台湾紛争抑制法案」。中国共産党幹部とその親族たちが米国に保有する資産を米財務省に調査させる条項、米金融機関に彼らへの金融サービス提供を禁止させる条項が含まれているからです。

中国が台湾侵攻に踏み切った場合、自らの隠し資産が公開されたうえで、凍結・没収される可能性がある。共産党幹部としては、習近平に台湾侵攻を思いとどまらせる必要があります。そこで考えたのがネットを利用した世論工作。SNSに反戦的な意見が投稿されても、あえて削除せずに放置しているのかもしれない。

そして2024年9月、前述の法案は米国下院で可決されました。2025年1月には、米国は第2次トランプ政権が誕生し、政権の中枢には、マルコ・ルビオ国務長官やマイク・ウォルツ安全保障担当大統領補佐官などの対中強硬派が揃いに揃って、中国に攻勢をかけていく構えです。

内憂外患を迎えた今、盤石と思われた習近平独裁に異変が生じています。

時代が変わった！

台湾有事が勃発《ぼっぱつ》したら、日本一国だけでは到底対処することはできません。同盟国である米国の存在は必要不可欠です。では、その米国は本当に頼りになるのか。

私が思うに、米国のバイデン前政権は対中に関して高度な戦略を適用しているように見受けられました。先述したように時には中国のご機嫌取りをしたり、弱腰外交を示したこともありましたが、肝心なところで中国の首根っこを押さえていた。

たとえば、米国は先端半導体の輸出管理規則を導入しました。この新規則の特徴は、エンドユース（最終用途）規制を敷いたところにあります。すなわち、中国の施設で先端半導体が製造・開発されていることなどが明らかな場合、あらゆる輸出が原則禁止になります。

特定の品目を管理するリスト規制も拡充され、先端半導体、同半導体を内蔵したスーパーコンピュータや、それに関連する製造装置が追加されました。対象品を中国に輸出する場合、米商務省に事前申請し、許可を受ける必要がありますが、申請しても原則不許可の扱いです。

このように米国の半導体規制戦略で中国国内に先端半導体やハイテク機器が輸入禁止となったら戦闘機すら飛ばせなくなりますから、台湾有事どころではありません。中国にとって大打撃です。

その報復でしょうか、中国商務省は2023年7月3日、半導体や電気自動車（EV）などのハイテク産業で広く利用されているガリウム、ゲルマニウム関連製品の輸出管理を8月1日から強化すると発表しました。米中の角逐《かくちく》は、産業分野ですでに始まっています。

しかもトランプ政権になり、国務長官に対中強硬派のマルコ・ルビオが就任しました。さらに中国からの輸入品に対する10％の追加関税を発動、中国は対抗策として米国に最大15％の追加関税を実施すると発表しています。トランプの関税発動の狙いは合成麻薬フェンタニル撲滅のためです。そう簡単に高関税を外すとは思えません。

米中の争いは激化の様相を見せています。

日本政府は乗り遅れてはなりませんが、親中・媚中の石破茂政権では期待が持てません。日本は中国に対し、はっきりと態度を示すときに来ています。

6章

私の理想像

――政治家・安倍晋三の意思を継ぐのは誰か

暗殺を称賛した奴らを忘れない

安倍晋三元総理が2022年7月8日、凶弾に斃《たお》れました。死後、その存在の大きさに多くの人々が改めて気づかされています。歳月が経つにつれ、日本国内だけでなく世界中からも安倍元総理の功績を評価する声が高まっている。だからこそ、日本の政治史において、あの事件は本当に歴史的大事件、日本にとっての大いなる不幸です。

安倍元総理の3回忌（2024年7月8日）を迎えるにあたり、政治学者の岩田温《あつし》氏とともに大和西大寺駅前の暗殺現場と奈良市内の慰霊碑「留魂碑《りゅうこんひ》」を訪れ、祈りを捧げました。

現場付近の道路は綺麗に舗装され、以前とは大きく様変わりしました。しかし、相変わらず、銃撃事件を想起させるものは何もなく、ただ一般的な花壇があるだけであり、しかもそれは事件と何の関係もありません。こんな粗末なことをやった奈

安倍元総理の慰霊碑「留魂碑」

良市政には、事件を風化させたい意図があるのでしょうか。

一方、留魂碑は、安倍昭恵さんが特別顧問でもある「安倍晋三元内閣総理大臣　感謝と継承の会奈良」に所属した奈良県の国会議員ら有志の方々が「三笠霊苑」に建てています。立派な慰霊碑でした。

ところが、留魂碑のある三笠霊苑は、銃撃現場から約5キロも離れています。奈良駅からも車で20分と、非常にアクセスが悪い。最寄りのバス停から10分ほど細い道を歩かなければならず、参拝することが困難です。

あれほど中心街から離れて交通も不便であるなら、多くの人々が追悼に訪れようとしてもなかなか難しい。安倍元総理は国民の顔が見られず、きっと寂しいはず。自民党も事件を風化させようとしていますが、偉大なる総理大臣だった安倍氏にもっと敬意を払うべきです。

さらにひどかったのは、左翼でした。銃撃事件後、法政大学教授の作家・島田雅彦氏は次のように発言しました。

「いままで何ら一矢《いっし》報いることができなかったリベラル市民として言えばね、せめて『暗殺が成功して良かったな』と」

また、社会学者の宮台真司氏も次のように発言しています。

「(今回の事件は)世直しとして機能している」

ちなみに、島田氏は生配信した自身のインターネット番組内で、宮台氏は山上徹也容疑者をモチーフにした映画『REVOLUTION+1』の上映イベントで先述の発言をしました。弱いヤツほど、味方の多いサークルで悪口を言いがちです。

これはもはやイデオロギーの問題ではなく、人間性の欠如と言っていい。思想を問わず、何人《なんぴと》も殺人や暴力は許されることではありません。それがまかり通れば、民主主義は根底から崩壊します。

マスメディアもひどいものです。朝日新聞は安倍元総理の国葬儀の際にも川柳《せんりゅう》で批判を展開しました。

「疑惑あった人が国葬そんな国」
「死してなお税金使う野辺《のべ》送り」
「忖度《そんたく》はどこまで続くあの世まで」
「ああ怖いこうして歴史は作られる」

日本の左翼は、普段は「人権尊重」などを標榜《ひょうぼう》していますが、本質においては「イデオロギーのために人を殺しても良い」という危険思想の持ち主であり、発想がテロリストそのものと言っても過言ではありません。

日本のために支持率を犠牲にしてもやり遂げた

安倍元総理亡き後、さまざまなところでその影響が現れています。特に国民の自民党に対する信用は瞬《また》く間に失墜し、今や少数野党です。

その大きな原因になったのが、2023年施行された「LGBT理解増進法」です。古来、どこの国よりも多様性を尊重している日本には全く不要なものであり、逆に女性などに対する人権侵害を生じさせてしまうようなとんでもない法律が、十分な審議もされずに拙速《せっそく》に成立させられたのです。

安倍政権、いや、安倍元総理が生きていれば、命を張ってでも制定はさせなかったでしょう。安倍元総理は「家族の価値観や結婚制度を守ることが重要である」と事あるごとに発言し、保守としての基本姿勢を明確にしていました。

ところが、現石破政権は、家族の価値観を破壊する「選択的夫婦別姓」も制定しようと動いています。これではますます自民党の支持率は下がるばかりです。

ここで今一度、安倍元総理の功績を振り返ってみましょう。特に注目すべきは「集団的自衛権」の行使容認を決めたこと。支持率を10%も落としましたが、〝世界から評価されるべき英断〞でした。世間の評判を落としてでも、勇気をもってやり遂げた指導者こそ安倍元総理だったのです。世間に媚《こ》びず、やり遂げた姿勢をこれから総理になる人も見習うべきです。

集団的自衛権が国会で議論されていた当時、国会周辺で抗議デモが活発化しましたが、反対者は決まって「戦争になる」と批判しました。政治家が軍事関係で動くたびにこう言われ続けてきましたが、それはむしろ、戦争への抑止力となって平和維持に役立っていることは明らかです。

安倍元総理の祖父、岸信介元総理も1960年、安保条約を改正しました。当時も国内で強い反発があり、国会周辺で左派勢力や学生運動による大規模デモ＝「安保闘争」が行われましたが、今では90％の国民が安保条約の改正を評価しています。旧安保条約のままでは、今のような日本の平和は存在していません。岸元総理を激しく批判した何十万人の人たちの指摘は間違っていたのです。

政治家はたとえ、どれほどの批判を浴びようと、自分の信念に従い、実行する能力を持たなければなりません。さもなければ、議会制民主主義はその基本的な機能を失い、政治が停滞してしまいます。

もちろん、総理として確固たる国家観・歴史観を持たなければ、正しい判断などできません。その点、安倍元総理はほかの総理と大違いだった。

世界中の指導者から愛された安倍元総理

安倍元総理は民主主義主要国のトップや指導者との信頼関係を築くことにも腐心しました。「セキュリティダイヤモンド構想」（日米豪印による外交・安全保障政策）は安倍元総理の功績において評価されるべき取り組みの一つです。これは安倍元総理が2007年にインド太平洋戦略の基盤として、インド議会演説で提唱し、世界戦略となりました。

当時の中国は、バングラデシュやスリランカなど、インド周辺国への浸透《しんとう》を通じてインドを包囲する「真珠の首飾り戦略」を進めました。中国の海洋進出からインド洋と太平洋における貿易ルートと法の支配を守るため、安倍元総理は「セキュリティダイヤモンド構想」を提唱、インドのナレンドラ・モディ首相から支持を得ています。

実際に２０２３年6月、モディ首相は初めて国賓として米国を公式訪問し、米印は対中国を念頭に経済・防衛協力の強化を約束しました。米国側はモディ首相の訪米を受け、インドは日本につぐ友好国であるとも報じました。

この一連の報道に接したとき、私は「時代が変わったな！」と心の底から実感しました。かつての米印関係から考えるに、ここまで両国が緊密になるとは想像だにしなかったからです。それも安倍元総理の「自由で開かれたインド太平洋」（ＦＯＩＰ）、そして安倍元総理が提唱した「クアッド」（日米豪印戦略対話）が大いに力を発揮したからではないでしょうか。

安倍元総理が提唱した「ＦＯＩＰ」ですが、正当に受け継いでいる国こそ米国ではないでしょうか。実際にハワイの米太平洋軍はインド太平洋軍と改名しています。

さらに米国の原子力空母「ロナルド・レーガン」が、２０２３年6月25日、ベトナム中部のダナンに寄港しました。米空母のベトナム寄港は3年ぶりとのことですが、この動きもそれまでの米越関係から考えられないことです。ベトナム戦争のときは敵対関係にありながら、ベトナムと歩調を合わせようとしている。

日豪首脳会談でも共同声明に「特別な戦略的パートナーシップ」という文言を明記し、「クアッド」という枠組みを強化した。アジア戦略や太平洋戦略であれば誰もが考え得る範囲かもしれませんが、まさか〝インド〟を入れてくるとは誰も考えなかった。習近平が勘のいい指導者ならば安倍元総理の戦略が耳に入った途端、いても立ってもいられなかったでしょう。それほど中国の覇権主義を牽制するのに効果的な戦略だった。

また、米国は「クアッド」をベースにした「ＡＵＫＵＳ《オーカス》」（米・英・豪の三カ国間の軍事同盟）を発足、オーストラリアとも緊密な連携姿勢を見せています。ＮＡＴＯにしても完全に「ＦＯＩＰ」のもとで動いています。

米国だけではありません。英国やフランス、ドイツ、豪州、ＥＵ、ＡＳＥＡＮ諸国は、「ＦＯＩＰ」を中心に対中戦略を考え始めています。

米国をはじめとして、急速に対中包囲網が形成されましたが、その包囲網をつくる構想を準備したのが、ほかならぬ安倍氏だった。

元内閣官房副長官補の兼原信克氏は『日本の対中大戦略』（ＰＨＰ新書）で、「ＦＯ

IP」は世界の国々から高い評価を受けたとし、日本の戦略ビジョンが世界史の流れに大きな影響を与えたのはこれが初めてであると評しています。まさにその通りのことが世界で起こっています。

2023年に開催された広島サミットの首脳宣言では「国際社会の安全と繁栄に不可欠な台湾海峡の平和と安定の重要性を再確認する」とされ、「両岸問題の平和的解決を促し」「力又は威圧による一方的な現状変更の試みに反対する」と表明しました。つまり、台湾有事が発生したら、世界の繁栄と平和が破壊されると見ているわけです。

安倍元総理は「台湾有事は日本有事だ」と言いましたが、その談話を踏襲した内容がG7サミットでも発表された。そういう意味でも、いまだに安倍元総理の外交戦略は台湾の平和と安定に大きな影響を及ぼしています。台湾で安倍元総理の銅像が建てられたのも当然のことでしょう。

中国『三国志』の故事に「死せる孔明生ける仲達《ちゅうたつ》を走らす」（生前の威光が保たれていて、死んでもなお生きている人を恐れさせる）というのがありますが、まさに「死せる安倍生ける中国を走らす」です。中国を封じ込めるには、〝安倍戦略以外に道はない〟のです。

安倍元総理の外交姿勢は、〝政治屋〟でも〝官僚〟でもなく、〝政治家〟のあるべき姿です。政策を考案する面では政治家は官僚に及ばない。だからこそ政治家は、官僚にはできない「方向を指し示し、導く者」＝〝指導者〟を目指すべきです。

〝真の指導者〟たる政治家はどこにいるのか

2016年、トランプ氏がアメリカ大統領選挙で勝利した直後、すぐに安倍元総理はトランプタワーを訪れ、早速トランプ氏との初会談を行った迅速さも称賛に値します。石破政権がトランプとの会談で四苦八苦したのに比べると、実に対照的でしょう。

この会談では、安倍元総理は大統領になる前のトランプ氏に「中国の脅威」を力説し、トランプ氏の中国観と対中戦略の形成に大きな影響を及ぼした。そしてトランプ氏は大統領になってから、中国に対する大規模な制裁関税の発動に踏み切るなどして、かなり強硬な対中政策を推進したことは周知の通りです。ある意味では、安倍元総理がトランプ政権の対中戦略の方向性を決めたと言っても過言ではありません。第2次トランプ政権以降も、その姿勢は変わりません。

それからというもの安倍元総理はサミットでも主導権を握るようになり、トランプ氏は安倍元総理に一度は相談をした上で、会議に臨むようになったほどです。

安倍元総理ほどの外交センスを持った政治家は今後、なかなか現れないでしょう。

また、安倍元総理は勉強家の一面もありました。第三者から薦《すす》められた本を社交辞令でほめるだけではなく、実際に読んでもいた。そんな政治家はなかなかいません。忙しいのにもかかわらず常に勉強したからこそ、政治家としての先見性が磨《みが》かれていったのでしょう。

日本は危うい状態にあり、〝本物の指導者〟が必要な時です。

現に呉江浩《ごこうこう》駐日中国大使が2024年5月、東京の中国大使館で開かれた座談会において、公然と「日本の民衆が火の中に連れ込まれることになる」と発言しました。ところが、日本政府は「極めて不適切だ」と抗議するだけ。実に甘い。呉大使のような発言をされる時点で日本政府がナメられているのは明らかですが、安倍政権であれば、こんな発言はされていないでしょう。

日本政府は中国にもっと強い姿勢を示すべきです。しかし、それができない。情けない限りです。

毅然とした態度を取れる指導者を育てるには、誤った政策に対し、「間違っている」と率直に議論ができる雰囲気づくりが重要です。しかし、今の自民党にはそれが感じられない。もっと言えば、日本の政界そのものが、そんな雰囲気に満たされています。

日本の未来のことを案じると、暗澹《あんたん》たる気持ちになりますが、ここで諦めるわけにはいかない。私自身も微力ながら日本のためにできることが、まだまだあると信じたい。そして少しでも変える努力をするべきです。

あの悲劇的な事件後の数日間、安倍元総理の献花台に、自発的に4000人の国民が並んでいたのを思い出すと、日本の未来にも期待が持てます。国葬儀でも2万

5000人以上の人々が行列に並び献花しました。まさに良識を持った日本人です。そういった人たちの期待に応えるために、私も言論の場を通じて日本再興のために粉骨砕身で臨む覚悟です。

石 平（せき へい）
評論家。1962年、中国四川省成都生まれ。北京大学哲学部卒業。四川大学哲学部講師を経て、88年に来日。95年、神戸大学大学院文化学研究科博士課程修了。民間研究機関に勤務ののち、評論活動へ。2007年、日本に帰化する。著書に『なぜ中国から離れると日本はうまくいくのか』(PHP新書、第23回山本七平賞受賞)、『中国をつくった12人の悪党たち』(PHP新書)、『石平の裏読み三国志』(PHP研究所)、『私はなぜ「中国」を捨てたのか』『朝鮮通信使の真実』『石平の眼 日本の風景と美』(ワック) など多数。

敵《てき》は祖国《そこく》・中国《ちゅうごく》

2025年３月27日　初版発行

著　者　石 平

発行者　鈴木 隆一

発行所　ワック株式会社
東京都千代田区五番町 4-5　五番町コスモビル　〒 102-0076
電話　03-5226-7622
http://web-wac.co.jp/

印刷製本　大日本印刷株式会社

ISBN978-4-89831-923-9